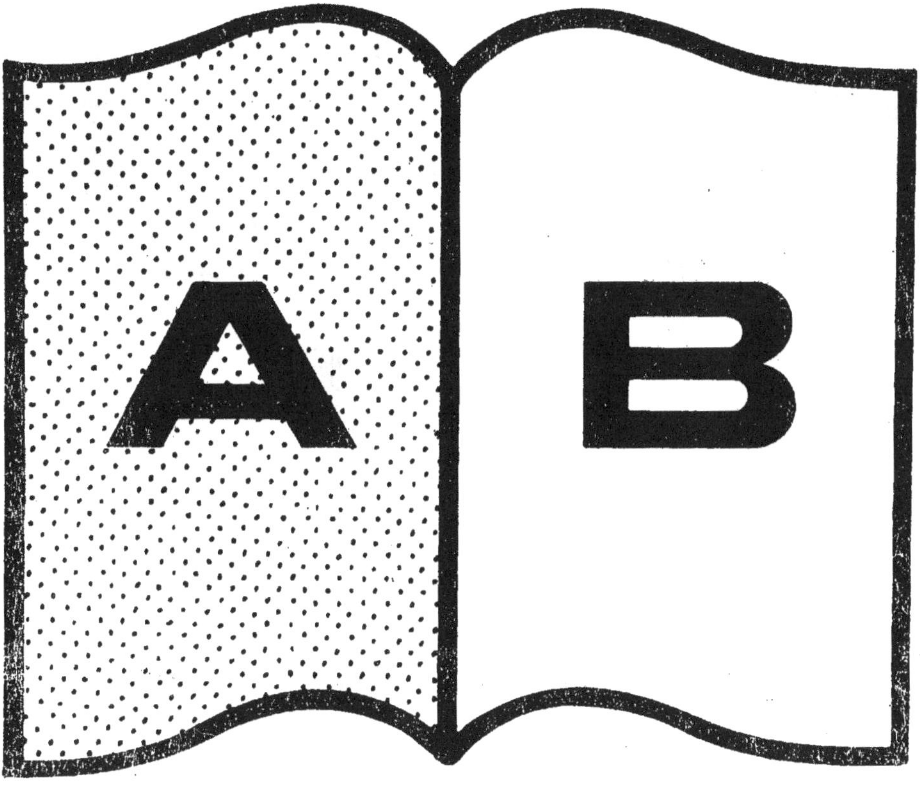

Contraste insuffisant

NF Z 43-120-14

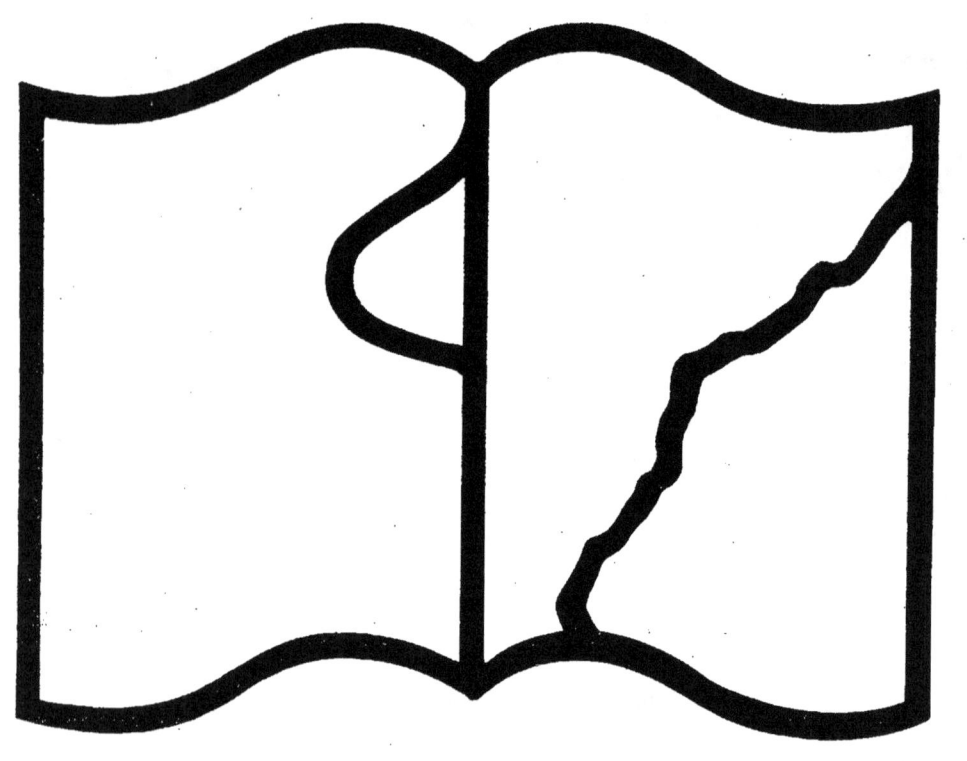

Texte détérioré — reliure défectueuse

NF Z 43-120-11

ENSEIGNEMENT OBLIGATOIRE DE LA GYMNASTIQUE
Dans tous les établissements d'Instruction publique

GYMNASTIQUE
DES
DEMOISELLES

A L'USAGE DES ÉCOLES NORMALES
DES LYCÉES ET COLLÈGES DE JEUNES FILLES
DES PENSIONS ET DES ÉCOLES

Ouvrage indispensable

AUX ASPIRANTES AUX BREVETS DE CAPACITÉ

Par N. LAISNÉ

CHEVALIER DE LA LÉGION D'HONNEUR
INSPECTEUR GÉNÉRAL
DE LA GYMNASTIQUE DES ÉCOLES COMMUNALES DE LA VILLE DE PARIS

CINQUIÈME ÉDITION
ORNÉE DE 140 FIGURES ET DE 7 PLANCHES

PARIS
LIBRAIRIE PICARD-BERNHEIM ET Cie
11, RUE SOUFFLOT, 11

GYMNASTIQUE
DES DEMOISELLES

Tout exemplaire non revêtu de la signature de l'auteur et des éditeurs sera réputé contrefait et poursuivi selon la rigueur des lois.

Paris. — Imp. Vve P. Larousse et Cie, rue Montparnasse, 19.

ENSEIGNEMENT OBLIGATOIRE DE LA GYMNASTIQUE
Dans tous les établissements d'Instruction publique.

GYMNASTIQUE
DES
DEMOISELLES

A L'USAGE DES ÉCOLES NORMALES
DES LYCÉES ET COLLÈGES DE JEUNES FILLES
DES PENSIONS ET DES ÉCOLES

Ouvrage indispensable

AUX ASPIRANTES AUX BREVETS DE CAPACITÉ

Par N. LAISNÉ

CHEVALIER DE LA LÉGION D'HONNEUR
INSPECTEUR GÉNÉRAL
DE LA GYMNASTIQUE DES ÉCOLES COMMUNALES DE LA VILLE DE PARIS

CINQUIÈME ÉDITION
ORNÉE DE 140 FIGURES ET DE 7 PLANCHES

PARIS
LIBRAIRIE PICARD-BERNHEIM ET CIE
11, RUE SOUFFLOT, 11

Tous droits réservés

Je dédie cet ouvrage

à Mesdames les Institutrices

des Écoles communales de la Ville de Paris

en témoignage de leur dévouement

pour l'enseignement de la gymnastique.

N. LAISNÉ

PRÉFACE

DE LA QUATRIÈME ÉDITION

En publiant cette quatrième édition, je continue de poursuivre le but que j'ai eu constamment en vue, c'est-à-dire d'étendre à tous les bienfaits des salutaires exercices gymnastiques, si favorables au développement physique et intellectuel de notre être.

En général, et depuis bien longtemps déjà, on reconnaît l'impérieuse nécessité de donner plus d'extension et de solidité à cet enseignement. Les hommes de science et les praticiens compétents ont consigné bien des fois, dans leurs écrits, des conseils dictés par un grand savoir, un ardent amour de l'humanité et par une haute prévoyance. Malheureusement, les conseils de ces illustres observateurs sont restés lettre morte. Quand on lit les précieux documents qu'ils ont laissés, on n'a pas de peine à admettre les vérités qu'ils contiennent ; mais aussitôt qu'il s'agit de mettre ces idées en pratique, on hésite, et l'on se contente de replacer le livre qui les contient dans sa bibliothèque.

Certes, il serait injuste de ne pas reconnaître que, depuis quelque temps, l'on s'occupe réellement de vulgariser l'enseignement de la gymnastique. Seulement, on a commencé par où l'on aurait dû finir, et l'on sera bientôt, il faut l'espérer, impérieusement forcé de recourir à une organisation qui permettra de former des professeurs mieux instruits dans la connaissance de cet art merveilleux. J'emploie ici le mot *merveilleux;* on ne le trouvera pas exagéré, si l'on veut considérer les résultats que j'ai obtenus dans les hôpitaux et en ville, pendant plus de trente années, grâce à son application sur différents malades; et, en dehors de ces applications toujours difficiles, les résultats obtenus sur les sujets bien portants n'ont pas été moins heureux.

L'application de cet enseignement, institué sous les auspices de la haute administration depuis douze années, dans les Écoles communales de filles à Paris, n'a fait que confirmer les espérances qu'elle fondait sur la pratique de cet art : une tenue plus régulière des enfants, la précision et la sûreté de leurs mouvements, une bonne allure physique et une meilleure santé, voilà de quoi convaincre et convertir même les plus incrédules. Aujourd'hui, personne ne peut plus contredire son heureuse influence sous tous les rapports.

Je me fais un plaisir et un devoir de témoigner une sincère reconnaissance à Mmes les institutrices, qui, avec une persévérance admirable et bravant les intempéries du temps, sont venues régulièrement de tous les points de la ville à notre cours de l'impasse des Bourdonnais, jusqu'à ce qu'elles aient été en état d'enseigner les principes de la gymnastique et procurer à leurs élèves les bienfaits qu'elles avaient recueillis elles-mêmes de cet enseignement. Depuis, leur zèle ne s'est pas ralenti; car leur nombre augmente sans cesse à notre cours, qui compte en moyenne cent vingt institutrices à chaque séance.

Je ne dois pas non plus oublier les élèves de l'École normale des institutrices. Quand elles sortent de cette école, après trois années de pratique, elles enseignent ces exercices avec dévouement dès qu'elles sont classées dans les écoles.

Que les parents encore insouciants et qui ne comprennent pas bien la salutaire influence de ces exercices me permettent un conseil: ils regretteront bientôt leur imprévoyance; car les hommes de science compétents, ceux de nos jours comme ceux des temps passés, recommandent de prendre plus de précautions pour la santé des filles que pour la santé des garçons; la constitution physique que la nature a donnée aux premières exige, en effet, des soins plus délicats et appropriés à leur tempérament et à leur sexe. Les exercices leur sont plus utiles encore, car elles ont moins souvent l'occasion de s'y livrer.

Je connais la réponse des parents: « Ma fille ne peut pas disposer d'un seul instant; toutes ses heures sont comptées. » A seize ans, elle aura terminé ses études; sa santé chancelante, il est vrai, ne lui donnera pas cette heureuse jouissance de faire profiter ses semblables de ce qu'elle aura appris; ce sera une fille instruite, mais valétudinaire. Les hommes de science dont ont n'aura pas suivi les conseils en temps utile seront alors chargés de prolonger une existence compromise.

Il est considérable, hélas ! le nombre des tristes exemples de ce genre que ma modeste position de professeur de gymnastique m'a permis de constater. Combien de fois, ai-je, je ne dirai pas prié, mais bien supplié, en faveur de jeunes natures qu'on clouait au piano quatre et cinq heures par jour, sans qu'il ait été possible d'obtenir des parents que leur malheureuse fille prît une heure d'exercice. Ce n'eût pourtant pas été du temps perdu ; car cette heure eût été bien profitable pour les autres études. S'il m'est pénible de rappeler plusieurs terminaisons fatales dans des cas semblables, il m'est plus pénible encore de penser que ces douloureux exemples ne servent guère à ceux qui en sont témoins.

Chers parents, je dois combattre l'erreur que vous commettez au sujet de la pratique de ces exercices par vos enfants. Faute d'avoir pu établir l'équilibre nécessaire, exigé par la nature, votre fille se trouve sous l'influence d'un état fébrile auquel elle obéit inconsciemment. Vous la conduisez alors dans un gymnase avec cette idée qu'elle doit s'y amuser en donnant un libre cours à ses mouvements déjà désordonnés, et, dans ce gymnase, si l'on ne cède pas à sa mobile volonté, elle ne veut plus y retourner ; elle fera valoir, pour vous convaincre, une multitude de raisons, parmi lesquelles la fatigue jouera le premier rôle. Votre faiblesse est grande quand il s'agit de votre enfant. Vous cédez, pour avoir une paix éphémère ; mais la concession que vous faites vous réserve des tourments dans l'avenir.

Puisque l'état de votre fille exige de sérieuses modifications, efforcez-vous de la remettre entre les mains d'un professeur expérimenté, qui fera concorder les exercices physiques avec les exercices intellectuels. Celle qui aura pu profiter de cette heureuse pratique se rappellera toute sa vie le bien qu'elle en aura retiré, tandis que si elle s'était adonnée à une gymnastique excentrique, les désordres pour la guérison desquels ces exercices avaient été conseillés auraient augmenté, au lieu de disparaître. Une gymnastique d'acrobates ne peut, en effet, donner aucun des résultats heureux que produit sur notre organisation la gymnastique rationnelle et progressive.

Certes, j'ai grand'peur de prêcher dans le désert. Je connais trop la faiblesse des parents; pourtant, je ne puis m'abstenir de leur donner ce conseil : lorsque vous avez confié votre fille à un professeur, si vous voulez que la leçon lui soit profitable, gardez-vous d'y assister. Tant qu'elle se sentira sous la seule autorité du professeur, elle sera plus calme, et son attention sera tout entière à ce qu'on lui enseignera. Je ne parle pas par ouï-dire; je l'ai expérimenté mainte fois. En voici un exemple : Dans ma pratique, j'ai eu en ville affaire à des enfants auxquels on cédait avec une facilité extrême. Il m'a été plus d'une fois permis de constater que les enfants gâtés de cette façon, lorsqu'ils sont pris de chorée, surtout quand elle présente une certaine gravité, ne retiraient aucun bien des soins que je leur prodiguais. Ces soins étaient annulés par la faiblesse des parents, et, bien que cela ne se soit jamais fait sans grande peine, je n'ai pu améliorer la santé de ces enfants qu'en obtenant des parents de les faire admettre à l'hôpital des Enfants, où ils étaient soumis à un régime et à une discipline appropriés à la gravité de leur maladie. Alors, mais alors seulement, ma méthode produisait en peu de temps son effet. Je pourrais citer à l'appui de mon affirmation un grand nombre d'exemples; mais cette digression m'entraînerait trop loin. Revenons à notre sujet.

L'enseignement de la gymnastique n'est pas aussi facile qu'on se le figure généralement. Pour le limiter à quelques mouvements de bras et de jambes, et sur quelques machines, on deviendra assez vite professeur; mais rendra-t-on cette partie de l'éducation attrayante à la jeunesse, en lui faisant constamment répéter les mêmes choses? Pour un professeur intelligent, il n'est pas d'enseignement qui présente autant de ressources que celui de la gymnastique. Sans les énumérer toutes, il suffit d'indiquer : les mouvements sans instrument; de tête; de la tête et du corps; des bras, des jambes; de la tête, du corps, des bras et des jambes silmultanément; en place, en avançant et en reculant; les sauts, les marches, les courses, etc.

On possède, en outre, en fait d'instruments qui peuvent être mis en œuvre dans les appartements : les xylofers, les haltères, les poignées à sphères mobiles, les ressorts en gomme; puis les jeux le plus en usage, que, malheureusement on applique machinalement un peu à tort et à travers, sans s'astreindre aux règles qui en rendent la pratique si agréable et si attrayante. Je citerai en particulier : le volant, le cornet, l'entonnoir-volant, le jeu de grâces, jeux dont les règles sont exposées dans ce livre.

Les machines qui peuvent aussi être placées dans les

appartements sont : l'échelle orthopédique, l'échelle horizontale, le sautoir mobile, et, avec un professeur, cette utile et excellente machine qui se monte et se démonte à volonté et qui se nomme : *les barres parallèles mobiles*.

Il est certain pourtant que toutes ces ressources n'existent pas si le professeur ne sait pas en tirer parti. Malheureusement, le cas n'est pas rare. Il semble, à la plupart d'entre eux (c'est un reproche que j'ai le regret de leur adresser), que cette partie si attrayante de la gymnastique est tout à fait accessoire. Ils trouvent au-dessous d'eux de s'en occuper sérieusement. Cette négligence de leur part a engendré cette gymnastique banale d'après laquelle on a pu croire que l'enseignement de notre science n'est pas aussi indispensable que le prétendent les hommes de science, lesquels l'ont définie ainsi : « La gymnastique rationnelle est la science raisonnée de tous les mouvements et l'apprentissage de toutes les professions. » Les Grecs seuls ont su en faire la sage application en se conformant à ce précepte.

Le désir que j'ai de voir progresser l'enseignement de la gymnastique, et les conseils que ma longue expérience me suggère peuvent m'attirer un reproche que je repousse. On me dira : « Vous pensez donc que personne ne fait bien? » Non, certes; ce serait vraiment trop malheureux. Je veux seulement, par ces observations, répéter de nouveau combien la création d'une École normale de gymnastique, pour former des professeurs, serait utile. Elle est, pour mieux dire, indispensable. La partie intelligente de la nation, qui en a dès longtemps compris l'urgence, la réclame... Et elle l'attend encore. Si j'insiste aussi souvent sur l'importance de cette École, ce n'est certainement pas par ambition personnelle; les nombreux services désintéressés que j'ai rendus dans les hôpitaux et ailleurs démontrent suffisamment que je n'ai pas d'autre désir que d'en voir étendre les bienfaits.

QUELQUES DONNÉES PRATIQUES

Je m'adresse maintenant particulièrement aux personnes qui désirent se renseigner sur la pratique de notre art; mais, tout d'abord, je dois fermement les engager à pratiquer elles-mêmes la gymnastique; car rien n'est plus facile à expliquer que ce que l'on sait exécuter.

QUESTIONS

Qu'est-ce que la gymnastique ?

La gymnastique est la science raisonnée de nos mouvements, de leurs rapports avec nos sens, notre intelligence nos sentiments, nos mœurs; bien dirigée, elle développe la vigueur, perfectionne la stature et assure la santé.

Combien peut-on distinguer de genres de gymnastique?

Platon la divise en deux parties : l'orchestrique et la palestrique.

Le docteur Charles Londe la divise en trois genres, qui sont :

1º Les exercices actifs;

2º Les exercices passifs ;
3º Les exercices mixtes.

Ling la divise en quatre parties :

1º La gymnastique pédagogique,
2º La gymnastique militaire,
3º La gymnastique médicinale,
4º La gymnastique esthétique.

Amoros la limite en ces termes : « La gymnastique cesse dès que le funambulisme commence. »

Quels sont les noms donnés par les anciens aux fonctionnaires d'un gymnase?

1º Le *gymnasiarque* était celui qui réglait souverainement la tenue et la police de tout le gymnase.

2º Le *gymnaste* était, sous le gymnasiarque, un directeur principal qui joignait la théorie à la pratique et qui ordonnait les exercices suivant le besoin de chaque constitution.

3º Le *xystarque*, ou chef de frictions, avait la surveillance des parties du gymnase où s'exerçaient les athlètes.

Ces parties, où ceux-ci se frictionnaient, s'appelaient les *xystes*.

Le xystarque était un peu inférieur au gymnasiarque.

4º Le *pédotribe* était le gymnaste dont les connaissances se bornaient au détail des exercices qu'on faisait faire aux enfants.

5º Les *aliptes* ou *iatraliptes* étaient chargés d'oindre les athlètes.

6º L'*épistate* était un préposé surveillant supérieur de tout un gymnase.

Quels sont les principaux noms donnés aux méthodes?

1º *Gymnastique* (de *gymnos*, nu), nom que les Grecs donnaient aux exercices du corps. Ce mot indique que les exercices se faisaient nu ou à demi nu.

2° *Somascétique*, mot proposé par Dally pour remplacer celui de *gymnastique*.

3° *Calisténie*, nom donné par Clias à l'exposé des procédés de somascétique qui conviennent dans l'éducation physique des jeunes filles.

4° *Kinésithérapie*, ou guérison par le mouvement, procédé de gymnastique consistant à provoquer la contraction volontaire des muscles, pendant qu'on s'oppose à leur raccourcissement.

Par quoi commencerez-vous lorsqu'on vous confiera des enfants pour la première fois?

Je les placerai d'abord par rang de taille, en mettant la plus grande à la droite, et progressivement jusqu'à la plus petite, qui se trouvera à la gauche. Cela fait, je les diviserai par sections, suivant la disposition des lieux, en plaçant la section des plus petites en avant pour mieux les voir.

Les enfants étant ainsi divisés que ferez vous?

Je les ferai placer à un ou deux pas d'intervalle entre les files et les rangs, et je les ferai numéroter dans chaque rang, afin de pouvoir leur adresser des observations sans aller près d'eux.

De quelle façon les commandements doivent-ils être faits?

L'explication de l'exercice qu'on veut faire exécuter doit être nettement exprimée, et il faut exécuter soi-même les mouvements ; puis, pour commencer et cesser, le commandement doit être énergique et bref.

Par quoi commencerez-vous ?

Par leur apprendre à s'aligner à droite et à gauche.

Par quel exercice commencerez-vous ?

Par la station régulière du corps, les mouvements de

PRÉFACE.

tête et du tronc, en ayant soin de ne pas brusquer ces premiers exercices.

Quels exercices ferez-vous exécuter pour préparer les élèves aux changements de position ?

Par les à droite, les à gauche, les demi à droite, les demi à gauche et le demi-tour à droite.

Voulez-vous indiquer quelques exercices qui ont une action directe sur le développement de la partie thoracique ?

Tous les mouvements de bras, alternatifs et simultanés sans flexion et surtout sans violence, en tournant les poignets en supination.

Comment répartirez-vous les exercices de bras et de jambes ?

Autant que possible, je ferai succéder aux mouvements de bras les mouvements de jambes, et *vice versa*.

Si vous faites exécuter un exercice de jambes, à quoi remarquerez-vous qu'il est bien fait ?

Lorsque le corps conserve sa rectitude, c'est-à-dire sa position droite, pendant l'action des jambes.

Quel est le moment le plus favorable pour exercer les enfants ?

Toujours avant le repas ; jamais de trop grand matin ni avant le coucher.

Comment devez-vous commencer une séance et la terminer ?

Par une progression d'exercices sans violence.

Comment procéderez-vous avec les enfants faibles, par nature ou par suite de maladie ?

Par des exercices très doux et peu prolongés, en ayant soin de ne pas exiger de ces enfants des efforts contraires à leur nature. On reconnaît que l'on a bien procédé lorsque ces enfants se trouvent mieux, n'éprouvent pas de fatigue après la séance et quand l'appétit est bon.

Comment agirez-vous avec un enfant nerveux et incapable de se tenir dans l'immobilité ?

Il est difficile de se rendre maître d'un pareil enfant, s'il reste avec d'autres; mais, en le prenant isolément, on peut le calmer à l'aide d'exercices rythmés.

Comment procéderez-vous avec les enfants qui n'ont aucun goût pour les exercices ?

En essayant de tout, jusqu'à ce qu'on trouve quelque chose qui leur plaise, sans jamais les gronder ni trop les forcer.

Combien de séances croyez-vous qu'il soit bon de donner aux enfants par semaine ?

Trois : une tous les deux jours, d'une durée de trois quarts d'heure.

Est-il préférable d'exercer les enfants au grand air ou dans un préau couvert ?

Lorsque la température le permet, les exercices seront plus salutaires au grand air ; mais, par un temps froid et surtout humide, on ne les exercera pas dehors, à moins que ce ne soit pour une course de courte durée.

Quel habillement convient-il de donner aux enfants pour les exercices ?

La flanelle est préférable.

Lorsque les enfants seront assez avancés pour se servir d'instruments, par lesquels commencerez-vous ?

Par le xylofer ou barre ferrée Laisné, puis les haltères, etc.

Dès que vous croyez pouvoir vous servir de machines, par lesquelles commencerez-vous?

Par le sautoir, l'exercice qui est le mieux approprié pour éviter les accidents ; puis l'échelle orthopédique inclinée et horizontale, etc.

Il serait inutile de prolonger ce questionnaire. Il est suffisant pour attirer l'attention des personnes intéressées à pratiquer ces exercices ; elles pourront en l'étendant se rendre compte de leurs connaissances ; mais les examens ne se bornent pas à des demandes et à des réponses. L'examinateur, après avoir demandé l'explication d'un exercice, demande aussi qu'on l'exécute.

Parmi les nombreux écrits des savants qui ont traité de cette partie de l'éducation, je ne reproduirai qu'un seul passage, émanant, il est vrai, d'un homme tout à fait compétent en cette matière ; il suffira pour donner un aperçu de tous les autres, anciens et modernes. Le voici. Je l'emprunte à la GYMNASTIQUE MÉDICALE, ou *Exercices appliqués aux organes de notre être, d'après les lois de la physiologie, et de l'hygiène et de la thérapeutique,* par Charles LONDE, docteur en médecine de la Faculté de Paris, membre résident de la Société de médecine pratique et membre honoraire de la Société des méthodes d'enseignement de cette ville ; membre correspondant de la Société des sciences, des arts et belles-lettres de Mâcon, etc., (1821, page 211) :

« Séparer l'éducation des sens externes et des membres de l'éducation du cerveau, c'est évidemment agir en sens inverse des lois de la nature ; c'est détruire l'harmonie primitive qu'elle a établie entre toutes les parties de l'individu ; c'est mutiler l'être ; c'est mettre obstacle à sa félicité. Rien de plus beau, sans doute, que de former le moral de l'enfant ; rien de plus grand que de développer en son cœur (1), par de beaux exemples et de sages avis, le germe de toutes les vertus civiques, de donner à son tendre intellect la faculté de saisir les impressions les plus délicates et d'acquérir la plus grande somme de connaissances possible ; mais aussi, quoi de plus ridicule, disons mieux, de plus barbare, que de le priver, en lui donnant la faculté de sentir, de celle de réagir. A quoi me serviront ces forces étonnantes que vous aurez concentrées sur l'organe central de la sensibilité et exaltées sur le principe même des volitions, si le reste languissant de mon organisation manque d'énergie pour obéir à ma volonté ? »

Lisez souvent ce passage, chers parents ; mon plus vif désir est qu'il vous serve de guide pour la santé de ceux que vous chérissez.

N. LAISNE.

---

(1) On doit entendre par *moral* et *cœur* (lorsque ce dernier mot est pris au figuré) l'encéphale, ou plutôt ses fonctions, et rien autre chose.

OBSERVATIONS IMPORTANTES

La bascule brachiale représentée dans la planche n° 1 devra être installée de façon que le poteau soit solidement fixé dans le sol; en conséquence, toutes les ferrures se rapportant aux trois pieds et les pieds eux-mêmes deviennent inutiles, j'avais cru bien faire en établissant cette machine de cette façon; mais l'expérience m'a démontré qu'elle n'offre pas, dans cette disposition, une suffisante sécurité aux élèves. J'ai eu l'intention de refaire ce plan; mais le temps m'a fait défaut. Je pense que les indications qui précèdent permettront de l'établir convenablement, puisqu'il n'y a que le poteau à fixer. Dans les hôpitaux, où cette machine rend de véritables services, le poteau est carré, et il y a deux balanciers placés à deux hauteurs différentes pour les élèves de diverses tailles. A la Salpêtrière, où nous avons des adultes et des enfants, le poteau est à six pans, et il y a trois balanciers; le dernier, placé le plus haut, est plus long que le balancier inférieur.

BARRES A SPHÈRES.
(Fig. pl. IV).

Comme je l'ai déjà dit en parlant des exercices avec

cet instrument, j'engage très sérieusement à ne plus se servir de ces barres avec des sphères, le *xylofer* ou barre ferrée Laisné est de beaucoup préférable sous tous les rapports. Il a été adopté dans toutes les écoles de filles. Il y en a de deux poids : le plus léger a 1^m,30 de longueur et 0^m,029 de diamètre. Dans l'intérieur, à chaque extrémité, est fixée une tringle ronde en fer de 0^m,25 de longueur sur 0^m,009 de diamètre.

La seconde sorte, plus lourde, a 1^m,30 de longueur sur 0^m,029 de diamètre. Elle contient dans chaque extrémité une tringle ronde en fer de 0^m,45 de longueur sur 0^m,011 de diamètre ; on peut en augmenter le poids à volonté en conservant le même diamètre du bois et en augmentant celui des tringles de fer ; le meilleur bois à employer est le sapin du Nord, de fil et sans nœuds.

On trouve de ces instruments de tous les poids chez M. Freté, fournisseur des écoles, n° 12, boulevard de Sébastopol, à Paris.

A la fin de l'ouvrage, j'ai inséré la planche VIII de ma *Gymnastique pratique* (pl. VII dans le présent ouvrage), dans laquelle est représenté le système d'échelle inclinée et horizontale adopté pour toutes les écoles communales. Cette machine, comme on peut s'en rendre compte par le plan, est excessivement commode à cause de la facilité avec laquelle on l'installe dans un appartement. Lorsque les exercices sont terminés et qu'elle est remise en place, son cadre n'avance que de 0^m,15 à 0^m,16 sur 0^m,65 à 0^m,70 de largeur.

J'ai eu principalement pour but, en donnant ce plan, de la voir utilisée comme échelle orthopédique. Il suffit pour cela de placer un feuillet sur les échelons au milieu et de laisser assez d'espace pour poser les mains de chaque côté du feuillet.

Pour les demoiselles on supprimera les barres parallèles.

NOTE

RELATIVE A L'APPLICATION DES CHANTS

AUX EXERCICES GYMNASTIQUES

Le grand nombre de résultats heureux obtenus grâce à cet exercice, appliqué dans les hôpitaux et en ville, m'engage à entrer dans quelques détails qui me sont particuliers.

Je citerai ensuite diverses observations d'hommes de haute science, des plus compétents en cette matière. Mais, avant d'exposer les faits, j'ai le devoir de rendre un hommage bien mérité à M. le colonel Amoros, qui a cherché, avec une persévérance admirable, à nous faire comprendre l'utilité de cette méthode et l'étendue des bienfaits qu'on peut en retirer. Sans ses sages conseils, en effet, je ne sais si j'aurais eu l'idée de la mettre en pratique.

Les résultats obtenus sur des sujets des deux sexes, petits ou grands, affaiblis par maladie, l'ont été par les procédés suivants :

Je prescrivais au sujet de faire une inspiration moyennement lente, de façon à conserver la facilité d'expirer cinq à six fois avec la même lenteur. Je faisais répéter cet exercice plusieurs fois par jour, avant les repas, ou deux ou trois heures après. Lorsque le sujet était arrivé à pouvoir prolonger et augmenter cette manœuvre préliminaire, je lui recommandais d'inspirer de la même manière, et d'expirer en faisant entendre un son de voix très doux en ouvrant la bouche. J'insistais toujours pour qu'il ne forçât pas le son de voix et ne prolongeât pas cet exercice jusqu'à éprouver une légère fatigue. Plus tard encore, lorsque le sujet avait acquis assez de force, je faisais accompagner la voix par quelques mouvements combinés de bras et de jambes. Peu à peu, les organes et les muscles qui concourent si merveilleusement à produire cette action, se fortifiaient progressivement. J'ai eu si souvent recours à ce moyen depuis trente années, que je puis dire que, si quelquefois le succès n'a pas été complet, il n'a cependant jamais manqué de produire d'heureux effets.

Un grand nombre de savants médecins ont, bien longtemps avant moi, constaté les effets salutaires du chant sur notre organisation. Je ne répéterai donc pas ce que ces hommes, plus compétents que je ne le suis, ont écrit à propos de l'influence du chant comme accompagnement des marches, ou des efforts nécessaires pour lever de lourds fardeaux. Qui n'a vu et entendu les marins exécutant une manœuvre; les charpentiers, les maçons, etc., professions pour lesquelles le concours simultané de plusieurs est indispensable? Les chants rythmés leur donnent plus de puissance et de précision dans les impulsions.

Je ne veux parler que des choses dont j'ai été témoin.

Lorsque j'exerçais très régulièrement une cinquantaine de femmes hystériques et épileptiques à la Salpêtrière, tous les exercices étaient exécutés avec chants, et souvent avec une action énergique. Il est assez souvent arrivé que, lorsque je me présentais pour donner la séance pendant les grandes chaleurs, alors que l'air était lourd et le temps orageux au point d'indisposer même les personnes en bonne santé, Mᵐᵉ la surveillante du service ne manquait pas de me prévenir que les malades étaient très agitées et que beaucoup seraient sans doute prises de crises. Aussitôt arrivées au gymnase, elles étaient réunies et placées pour chanter à deux voix. Comme elles connaissaient un grand nombre de chants et qu'elles étaient habituées à les exécuter, je leur faisais répéter ces chants avec une certaine énergie, et quelquefois pendant une heure. Grâce à cette pratique, pas une seule ne se sentait indisposée.

Je ferai remarquer, pour ce qui regarde l'application du chant aux exercices, combien les enfants sont disposés à crier. Il faut donc apporter toute son attention à les faire chanter sans forcer leur voix ; les sons doivent être exprimés par le registre de poitrine ; l'expression du chant doit être mise en rapport avec l'exercice qu'on exécute ou qu'on fait exécuter, c'est-à-dire que, si l'on exécute un exercice dont les mouvements sont courts, par exemple celui de faire agir les bras avec flexion en quatre temps, le chant peut être exprimé avec une certaine énergie ; si, au contraire, les mouvements sont étendus, tels que ceux qui font agir les bras dans leur plus grande extension, le chant doit être plus doux et exprimé librement, à cause de la grande participation que prennent les muscles élévateurs et abaisseurs dans l'inspiration et l'expiration. On sera certain d'avoir bien procédé si, à la fin d'un ou de plusieurs exercices, on peut encore chanter aussi librement qu'au début.

Dans les hôpitaux, nous avons obtenu des résultats surprenants en appliquant, avec une sage progression, le chant accompagnant les exercices à des sujets dont la poitrine et ses organes étaient d'une faiblesse extrême.

En 1867, M. le docteur chirurgien Demarquay, membre éminent de l'Académie de médecine, a écrit ce qui suit dans son Rapport sur les appareils et ouvrages de gymnastique :

« Quand on a assisté aux leçons de gymnastique données avec tant de dévouement par M. Laisné aux enfants de nos maisons hospitalières, il est facile de voir tout ce qu'on peut obtenir. Tous ces pauvres petits malades exécutent avec une précision parfaite un certain nombre d'exercices gymnastiques, en chantant avec un remarquable ensemble des chants distingués, que ce gymnasiarque a associés à ses exercices gymnastiques. »

Voici un passage relatif aux observations ci-dessus. Il est extrait du livre de Mercurialis : *De Arte gymnastica* (liv. VI, ch. v et vi) :

« Arétée, célèbre médecin grec, recommandait d'exercer doucement la voix et de pousser les sons en se servant de notes graves, parce que les notes aiguës produisent des tensions de tête, des palpitations de tempes, des pulsations de cerveau, des inflammations d'yeux et

b.

des tintements d'oreilles ; au contraire, la voix donnée modérément est utile à la tête, etc. »

Voici encore un autre passage qu'un bon ami, M. le docteur Pierre Mercier, m'a fait le plaisir de traduire de l'anglais : *Extrait concernant M. Laisné*, de l'opuscule du docteur Mathias Roth (48, Wimpole street, London) intitulé : *De la négligence par rapport à l'éducation physique et à l'hygiène*.

« Le 6 février 1877, j'ai visité l'École normale d'institutrices de la Seine. M. Laisné est le professeur : la leçon a eu lieu à midi et demi. Le réfectoire, très spacieux, sert de gymnase. Les soixante-quinze jeunes filles entrèrent, et elles se disposèrent par rang de taille, pour les exercices d'ensemble, avec beaucoup de promptitude. Avant de faire aucun mouvement, M. Laisné chanta les premières paroles du chant approprié et donna le signal de commencer : Le chant fut admirablement exécuté, et, en conséquence, les mouvements marchèrent avec une régularité d'horloge. Le temps du chant s'accélérait sensiblement pendant les flexions et extensions des bras en haut, en bas, en avant, en dehors ; d'autre part, il y avait ralentissement du temps pour la circumduction des bras ; ce dernier mouvement était extrêmement bien fait ; on pouvait voir les poitrines s'élargir visiblement, quoique les élèves restassent immobiles en place sans faire agir d'autres parties. De temps en temps, entre les mouvements de bras, un mouvement alternatif d'élévation des genoux sur un temps rapide, était fait, accompagné d'une sorte de joli chœur, pour donner du repos aux bras, etc. »

En 1866, M. le docteur Dragmann, directeur d'un institut orthopédique de Copenhague (Danemark), après avoir assisté sans interruption, pendant huit jours, à toutes nos séances des hôpitaux, où les exercices sans instrument sont exécutés en chantant, a été si favorablement impressionné de la facilité avec laquelle les malades de l'hôpital des Enfants et de la Salpêtrière rythmaient les mouvements avec les chants, qu'il nous a quitté en nous disant qu'il n'y avait que son roi qui pût récompenser ce qu'il avait vu, et, quinze jours après son départ de Paris, je recevais la croix de l'ordre de Danebrog.

Un digne ami, aussi bon musicien qu'excellent professeur de gymnastique, M. Defrançois, officier d'académie, applique depuis longtemps le chant aux exercices, dans presque toutes les maisons d'éducation de la ville de Reims, surtout aux demoiselles.

Dans les réunions de ses élèves, les exercices exécutés en chantant lui ont toujours attiré les plus vifs applaudissements. C'est cette façon de procéder qui lui a valu les palmes académiques. J'ai eu le bonheur d'assister à la fête fédérale de gymnastique qui a eu lieu dans cette ville l'année 1882. Une centaine de jeunes filles appartenant à différentes écoles ont exécuté, sous la direction de ce digne apôtre de la gymnastique, toujours en chantant, au milieu de la fête et en présence de milliers de personnes, une assez longue série d'exercices. Chaque exercice a été justement couvert d'applaudissements enthousiastes, et, de l'aveu de tout le monde, cela a constitué la partie la plus intéressante de la fête.

Personne ne sera surpris d'un tel succès.

C'est avec grand plaisir que nous ajoutons ici que M. Defrançois est soutenu et encouragé dans la tâche qu'il s'est donnée par MM. les docteurs Décès et Doyen, qui protègent de tout leur pouvoir l'enseignement si indispensable de la gymnastique.

Je trouve encore dans un écrit de M. le docteur Bégin un passage relatif au chant appliqué aux exercices gymnastiques. On me permettra de le rapporter ici; il est extrait d'une brochure (page 7) de M. Bégin qui a pris part lui-même à ces exercices chez M. le colonel Amoros.

« M. Amoros a appliqué le rythme et le chant aux exercices élémentaires, et cette innovation a été goûtée par tous les hommes instruits. Nous voulons bien que le gymnase ne soit pas une école de chant ; cependant les principes qu'y reçoivent les élèves sont en harmonie avec ceux qui président à tout enseignement méthodique de la musique vocale. Il n'entre pas dans notre projet de traiter en détail de la composition philosophique des strophes et de la musique dont se composent les chants du gymnase : cet objet a été traité et approuvé par des experts trop élevés pour que nous osions nous hasarder sur leurs traces. Nous les considérons moins ici comme morceaux de musique que relativement aux sentiments moraux qu'ils développent et à l'influence qu'ils exercent sur les organes pectoraux, etc. »

Le précieux ouvrage du savant M. Sabbathier, professeur au collège de Châlons-sur-Marne, qui a décrit d'une façon merveilleuse les exercices du corps chez les anciens pour servir à l'éducation de la jeunesse (tome Ier,

1772, page 16), me fournit les considérations suivantes :

« L'union étroite de la danse et de la musique, union dont la cadence commune à l'une et à l'autre doit être considérée comme le véritable lien, n'a pas permis à ces deux arts de faire des progrès séparément ; et l'on peut assurer qu'ils ont marché d'un pas égal vers ce degré de perfection où ils sont arrivés parmi les peuples les plus polis. »

Voici enfin une observation qui ne manque pas de valeur ; car elle émane d'un savant et consciencieux professeur de gymnastique, M. Paul Christmann, directeur du gymnase du faubourg Saint-Denis :

« Quant aux mouvements avec chants, je ne les ai vu blâmer que par des personnes ne les ayant pas pratiqués, et je trouve étranges les gens qui n'ont jamais fait de gymnastique qui viennent trancher en maîtres des questions de cette importance ; à ceux-là je dirai : avez-vous connaissance d'un seul élève qui ait été incommodé par cette gymnastique ? Interrogez. Chantez vous-même, et vous serez forcé de convenir que la respiration est plus libre après ces mouvements.

» La voix humaine, ce magnifique instrument, a tout autant besoin d'être exercée que les bras et les jambes.

» La vocifération est naturelle, et les premiers mouvements, les premiers jeux des enfants sont accompagnés de cris, les uns et les autres désordonnés, il est vrai. Il apppartient à la gymnastique d'amener la coordination de ces mouvements et de ces cris, en développant d'une façon normale les muscles et les poumons.

» L'influence du chant sur le moral est immense ; ce qui n'est pas à dédaigner. Permettez-moi de vous citer à ce sujet un fait dont j'ai été témoin dernièrement. A la sixième fête fédérale française, à La Rochelle, un certain nombre d'enfants des écoles communales, surtout des filles, sous la direction de M. Kuentz, ont fait de la gymnastique en chantant. L'effet a été tellement empoignant, l'impression si profonde, que j'ai vu couler des larmes, et c'est avec un véritable enthousiasme qu'ils ont été applaudis.

» Je suis sûr que tous ceux qui cherchent la perfection se rallieront à cette méthode, et je souhaite de la voir bientôt appliquée dans les nombreuses sociétés de gymnastique qui existent en France et se fondent tous les jours.

» 1er juin 1880.

» Paul Cristmann. »

Certes, je reconnais que l'application de cette méthode présente quelques difficultés. Une personne qui ne sait pas se servir de sa voix et qui n'a aucune idée de son mécanisme ne peut, en effet, qu'en faire une assez mauvaise application. Je suis à même de constater cela, ayant sous ma direction bienveillante plus de huit cents professeurs, hommes et femmes, enseignant la gymnastique et qui pourraient en faire l'application. J'évite les fâcheux résultats en invitant les personnes non douées de la faculté de chanter elles-mêmes, et par conséquent de l'enseigner, à faire compter les enfants, au lieu de les faire mal chanter.

Pour conclure, je dirai que je me suis trouvé très heureux toutes les fois que nous avons été honorés d'une visite à l'École normale des institutrices. Ces visites ont toujours été faites par des personnes instruites et compétentes en cette matière : docteurs français et étrangers, chefs d'institutions étrangers, professeurs du Conservatoire de musique.

Ces messieurs n'ont jamais manqué, en nous quittant, de nous témoigner leur satisfaction pour la façon dont les chants accompagnant les exercices étaient exécutés.

A coup sûr, si cette pratique avait dû rencontrer de sérieuses objections, elles n'auraient pas manqué de se produire dans les hôpitaux. C'est le contraire qui a eu lieu : dans les maisons hospitalières, les hommes de science les plus compétents, les mieux placés pour appliquer cette méthode, nous ont toujours accordé leur bienveillance et n'ont cessé de nous encourager dans cette application si salutaire du chant aux exercices gymnastiques.

La haute adhésion qu'ils nous ont donnée, les succès obtenus, tous nous engage donc à persévérer dans cette heureuse voie.

N. LAISNÉ.

Nous devons tous une sincère reconnaissance à messieurs les conseillers municipaux de la ville de Paris pour leur bienveillance en faveur de l'extension de l'enseignement gymnastique.

En ce moment (1883), plus de *deux cent mille francs* sont votés sur la demande de M. le maire du XIe arrondissement, pour la transformation du marché Voltaire en gymnase municipal; les travaux sont en cours d'exécution, sous la direction de M. Laisné, architecte des bâtiments scolaires de Paris.

En outre, plusieurs gymnases ont été prévus dans différents quartiers, attenant aux écoles, et leur extension ne fera que s'accroître maintenant que l'élan est donné. Ainsi va se trouver réalisé ce qu'a prévu et demandé le bien regretté docteur-chirurgien Demarquay, dans son rapport sur l'exposition des appareils gymnastiques en 1867 :

« Pourquoi donc chaque grande ville n'a-t-elle pas de vastes établissements où, grâce à une sage distribution des forces du corps, des richesses de l'intelligence, on puisse voir bientôt disparaître, sans retour, des abus longtemps et inutilement signalés, sources d'infirmités qui ne disparaissent qu'avec la vie? Pourquoi Paris, dans ses transformations et ses embellissements, ne nous donne-t-il pas, par quartier, un gymnase où chacun de nous pourrait faire un exercice convenable, une piscine où l'on pourrait se baigner, une bibliothèque attenante où l'on trouverait, pendant le repos qui suit l'exercice, un livre agréable ou instructif? Pourquoi enfin la capitale du monde ne posséderait-elle pas une école normale de gymnastique qui fournirait abondamment des professeurs à la hauteur de leurs fonctions. Il fut un temps où un ministre a pu dire : « Nous avons assez
» de jongleurs et de danseurs de corde, sans les mettre à
» la charge de l'État (1). » Mais il n'en est plus ainsi, fort heureusement. »

(1) *Gymnastique de Ling*, 1847.

GYMNASTIQUE

DES

DEMOISELLES

Afin d'éviter tout embarras dans les changements de place, soit pour se ranger d'une autre façon, soit pour se préparer à un autre exercice, on doit apprendre aux élèves à s'aligner à droite et à gauche, puis à exécuter les à droite et les à gauche, les demi à droite et les demi à gauche, ensuite les distances.

Ces principes essentiels devront être enseignés dès le début ; on est, en effet, obligé de les mettre en application à chaque instant.

Pour l'ordre et la bonne exécution des exercices, les élèves seront toujours placées par rang de taille, c'est-à-dire la plus grande à la droite, en allant progressivement jusqu'à la plus petite qui se trouvera la dernière à la gauche. Quand elles seront ainsi placées, si, à cause de leur nombre, le rang était trop long (soixante élèves, par exemple), dans le cas où l'emplacement le permet, la meilleure répartition serait de former cinq rangs de douze élèves chacun, en plaçant d'abord le rang des douze plus grandes, puis le rang des douze suivantes devant le premier ; le troisième rang en avant du second ; le quatrième devant le troisième, et le cinquième devant le quatrième, de façon que le rang des plus petites soit en avant et le rang des plus grandes en arrière. Cette disposition permet au professeur de voir plus facilement et d'un coup d'œil toutes ses élèves.

Les rangs étant ainsi placés, et une distance convenable étant ménagée entre chacun d'eux, le professeur commencera par leur montrer à s'aligner à droite et à gauche. Règle générale, il fera toujours numéroter les élèves dans chaque rang, en commençant par celles qui se trouvent à droite, afin de pouvoir adresser des observations aux élèves mal placées, sans être obligé de se déranger.

Ceci fait, il commandera :

1° *A droite alignement*.
2° Bien.

Au premier avertissement, les jeunes filles placeront la main gauche sur la hanche, les doigts en avant, le pouce en arrière. Elles tourneront la tête à droite sans la baisser, en fixant les yeux sur la ligne des yeux de celles qui sont à leur droite ; puis elles céderont successivement vers leur gauche, de façon à ne toucher que légèrement avec le bras droit le coude gauche de celle qui se trouve à leur droite. Quand toutes ces positions seront prises, elles s'aligneront de leur mieux en maintenant le corps face en avant et droit. Le professeur adressera ensuite, en les désignant par leurs numéros, des observations aux élèves qui ne seraient pas bien placées ; pour cela, il se place successivement à deux pas de la droite de chaque rang. L'alignement étant rectifié, le professeur se place à quatre ou cinq pas en avant du premier rang, et commande aussi fermement que possible : *Bien*. Aussitôt, les élèves replacent leur bras gauche allongé près du corps et la tête à la position directe, en comptant *un*. Le professeur fera ensuite répéter cet alignement à gauche. Pour cela, il commandera :

1º *A gauche, alignement*.
2º Bien.

Au premier avertissement, les élèves placeront la main gauche sur la hanche ; et, cette fois, elles tourneront la tête à gauche, toujours sans la baisser. Pour rectifier cet alignement, le professeur se place à la gauche des rangs, puis il commande : *Bien*. Les élèves replaceront le bras allongé près du corps et la tête à la position directe, en comptant *un*.

Il est bon de faire observer ici que, pour les alignements, c'est toujours la main gauche qui est placée sur la hanche et jamais la main droite.

Après ces deux alignements, le premier exercice qu'on fera exécuter aux élèves sera de prendre la situation régulière du corps.

Premier Exercice.

STATION RÉGULIÈRE DU CORPS.

Commandements :

1º *Station régulière du corps*.
2º *En position*.
3º Repos.

Au premier avertissement, les élèves ne bougeront

pas; à celui de : *En position,* elles placeront immédiatement les talons l'un près de l'autre et sur la même ligne, les pieds un peu moins ouverts que l'angle droit, les jambes et les cuisses tendues sans raideur, le corps droit sur les hanches, la tête droite, les bras allongés,

Fig. 1.

les épaules plutôt basses que hautes et un peu portées en arrière (voyez les figures n° 1). Au commandement de : *Repos,* elles reprendront une position libre sans quitter leur place.

Cette situation, quoique paraissant très simple, est cependant un peu fatigante, si on la conserve trop longtemps; il est donc préférable de la faire prendre plusieurs fois et pendant peu de temps.

Deuxième Exercice.

EXÉCUTER LES A DROITE ET LES A GAUCHE.

Commandements :

1º *Par un à droite.*
2º Droite.

Au premier avertissement, les élèves porteront le

Fig. 2.

corps sur la jambe gauche ; à celui de *Droite*, elles feront un quart de tour en retirant l'épaule droite en arrière et en pivotant sur le talon gauche, les talons restant réunis, le pied droit et la plante du pied gauche se levant seulement, pour ne pas frotter le sol et permettre de tourner librement sur le talon gauche. Lorsque ce mouvement est bien compris, il s'exécute sans mouvement apparents du haut du corps (Voir les figures n° 2), lorsque l'à droite est terminé.

Les à gauche s'exécutent de la même manière, en substituant le mot de *gauche* à celui de *droite*. Ne pas oublier de faire observer aux élèves que, quel que soit le côté vers lequel on tourne, c'est toujours sur le talon gauche qu'on pivote, en retirant en arrière, règle générale, l'épaule du côté vers lequel on doit tourner.

Troisième Exercice.

EXÉCUTER LES DEMI A DROITE ET LES DEMI A GAUCHE.

Commandements :

1° *Demi à droite.*
2° DROITE.

Procéder exactement comme pour l'exercice ci-dessus, en ne faisant qu'un huitième de tour au lieu d'un quart. Cette manière de faire placer les élèves se présente très souvent lorsqu'on manque de place.

Quatrième Exercice.

DEMI-TOUR A DROITE.

Commandements :

1° *Demi-tour.*
2° DROITE. — *Un, deux, trois.*

Au premier avertissement, les élèves ne bougeront pas ; à celui de *Droite,* elles retireront l'épaule droite en arrière et elles porteront en même temps le pied droit a dix centimètres environ derrière le pied gauche, en fermant un peu ce dernier et de façon que le défaut du pied droit soit directement en face du talon gauche, le pied gauche se trouvant perpendiculaire au pied droit, Tout ceci se fait vivement, en comptant *un*. Aussitôt cette position prise, les élèves tournent sur les deux talons, en achevant le demi-tour, en comptant *deux*; puis elles replacent le talon droit près du gauche, en comptant *trois*.

Dans les commencements, on fait exéuter cet exercice en faisant arrêter les élèves à chaque temps; puis, une fois qu'il est bien su, les trois temps se succèdent le plus lestement possible. Il est bon de remarquer qu'on ne fait pas de demi-tour à gauche et que, pendant l'exécution des trois mouvements, les jambes et le corps doivent conserver leur rectitude.

Cinquième Exercice.

PRENDRE LA PREMIÈRE DISTANCE SUR LA DROITE.

Commandements :

1° *Sur l'élève de droite, en cédant vers la gauche.*
2° *Prenez la première distance.*
3° *Partez.*
4° Bien.

Au deuxième avertissement, les élèves retireront légèrement l'épaule droite en arrière; elles placeront en même temps la main droite sur l'épaule gauche de leur voisine de droite, puis elles tourneront la tête à droite, tout cela en même temps, en comptant *un*. Au commandement de *Partez*, elles s'éloigneront par de petits pas de côté vers leur gauche jusqu'à ce que leur bras soit complètement allongé, en maintenant la tête à droite (voir les figures n° 3).

Aussitôt qu'il aura rectifié l'alignement, le professeur commandera *Bien;* les élèves placeront tout de suite la tête à la position directe et le bras droit près du corps, en comptant *deux*.

Fig. 3.

Sixième Exercice.

PRENDRE LA PREMIÈRE DISTANCE SUR LA GAUCHE.

Commandements :

1° *Sur l'élève de gauche, en cédant vers la droite.*
2° *Prenez la première distance.*
3° *Partez.*
4° Bien.

Les mouvements de cet exercice seront les mêmes

que pour le précédent ; seulement on les exécutera du côté opposé, c'est-à-dire en plaçant la main gauche sur l'épaule droite, en tournant la tête à gauche, en retirant l'épaule gauche un peu en arrière, en comptant *un ;* puis en cédant vers la droite jusqu'à ce que le bras gauche soit entièrement allongé, etc.

Septième Exercice.

PRENDRE LA DEUXIÈME DISTANCE SUR LA DROITE.

Commandements :

1° *Sur l'élève de droite, en cédant vers la gauche.*
2° *Prenez la deuxième distance.*
3° *Partez.*
4° BIEN.

Au deuxième avertissement, les élèves placeront la main gauche sur la hanche, retireront l'épaule droite en arrière, tourneront la tête à droite, puis elles placeront la main droite sur le coude gauche de celle qui se trouve à leur droite. Tout cela s'exécutera en un temps et en comptant *un*. Au commandement de *Partez*, elles s'éloigneront par de petits pas de côté vers leur gauche, jusqu'à ce que leur bras droit soit entièrement allongé, la main droite restant sur le coude gauche. Après avoir rectifié l'alignement, le professeur commandera *Bien*. Les élèves placeront alors la tête à sa position normale et les bras allongés près du corps, en comptant *deux*.

Huitième Exercice.

PRENDRE LA DEUXIÈME DISTANCE SUR LA GAUCHE.

Commandements :

1° *Sur l'élève de gauche, en cédant vers la droite.*
2° *Prenez la deuxième distance.*
3° *Partez.*
4° Bien.

Tous les mouvements de cet exercice seront les mêmes que pour le précédent ; si ce n'est qu'on les exécutera du côté opposé, c'est-à-dire en plaçant cette fois la main droite sur la hanche, la main gauche sur le coude droit, l'épaule retirée en arrière et la tête tournée à gauche, en comptant *un*, puis en cédant vers la droite jusqu'à ce que le bras gauche soit allongé, la main gauche restant sur le coude droit, etc.

Neuvième Exercice.

PRENDRE LA TROISIÈME DISTANCE SUR LA DROITE.

Commandements :

1° *Sur l'élève de droite, en cédant vers la gauche.*
2° *Prenez la troisième distance.*
3° *Partez.*
4° Bien.

Au deuxième avertissement, les élèves se toucheront avec le bout des doigts, en tournant la tête à droite et en comptant *un*. Au commandement de *Partez*, elles s'éloigneront vers leur gauche, en faisant des pas de côté jusqu'à ce que les bras soient entièrement allongés, et en se touchant du bout des doigts seulement, les bras ne faisant qu'une ligne horizontale. Le professeur, après avoir rectifié l'alignement, commandera *Bien*. Les élèves replaceront alors les bras allongés près du corps et la tête à sa position normale, en comptant *deux*.

Dixième Exercice.

PRENDRE LA TROISIÈME DISTANCE SUR LA GAUCHE.

Commandements :

1° *Sur l'élève de gauche, en cédant vers la droite.*
2° *Prenez la troisième distance.*
3° *Partez.*
4° Bien.

Cet exercice consiste à répéter le précédent en s'éloignant vers la droite.

Ces trois distances se prennent aussi en cédant simultanément vers la droite et vers la gauche d'une élève désignée par son numéro. Pour ce cas, on commandera :

1° *Sur l'élève n° 6* (par exemple), *en cédant vers la droite et vers la gauche.*
2° *Prenez la première distance.*
3° *Partez.*
4° Bien.

Les élèves répéteront simultanément ce qu'elles ont exécuté aux deux premières distances, en faisant bien attention à ceci : c'est que, pour les élèves qui sont à la gauche du n° 6, c'est exactement comme si l'on commandait : *Sur l'élève de droite, en cédant vers la gauche*, et pour les élèves qui sont à la droite du même numéro, comme si l'on commandait : *Sur l'élève de gauche, en cédant vers la droite.* Il en est de même pour toutes les distances.

Ces distances se prennent encore après qu'on a fait exécuter un *à droite* ou un *à gauche*, soit sur le rang de droite en cédant vers la gauche, soit sur le rang de gauche en cédant vers la droite, puis vers la droite et vers la gauche sur un rang désigné.

J'engage vivement les professeurs à bien familiariser les élèves avec l'exécution de ces distances, car on en a besoin à chaque instant, et, quand les élèves y sont bien exercées, elles les prennent sans aucune perte de temps.

A chaque instant aussi, il faut avoir recours à différentes marches pour les changements d'exercices et même pour habituer les élèves à exécuter de petites manœuvres avec ordre. Je vais donc indiquer tout d'abord quelques-unes de ces manœuvres, afin qu'on puisse les faire exécuter toutes les fois que leur application sera nécessaire.

Onzième Exercice.

MOUVEMENT DE LA JAMBE ET DE LA CUISSE
VITESSE ACCÉLÉRÉE.

Cent quinze par minute.

Commandements :

1° *Mouvement de la jambe et de la cuisse en deux ou quatre temps.*
2° *En commençant de la jambe gauche.*
3° COMMENCEZ.

Au deuxième avertissement, les élèves prendront

leur équilibre sur la jambe droite ; à celui de *commencez*, elles élèveront la cuisse et la jambe gauche comme le représente la figure n° 4 ; puis elles poseront le pied sur le sol le plus légèrement possible, en comptant *un*. Elles recommenceront de même avec la jambe droite, en comptant *deux*, puis encore de la jambe gauche, en comptant *trois*, et avec la droite en comptant *quatre*, pour continuer ainsi jusqu'au commandement de *Cessez*, qui sera prononcé à l'instant où l'un ou l'autre pied pose sur le sol, afin que le pied qui se lève à ce commandement puisse se reposer près de l'autre sûrement, en comptant *deux* ou *quatre*, suivant qu'on fera

Fig. 4.

compter en *deux* ou en *quatre* temps. On fera souvent exécuter cet exercice, en faisant d'abord placer les mains sur les hanches, comme le représente la figure 5, avec cette différence que le corps sera maintenu droit.

J'ai dit plus haut que les pieds doivent arriver légèrement sur le sol. Il est très important d'observer cette règle pour tous les mouvements des jambes ; car, si l'on pose les pieds à plat sur le sol, surtout en le frappant, non seulement la marche sera lourde, mais, si l'action se prolonge un peu, il se produira une espèce d'engourdissement des jambes nuisible au développement des muscles. On doit donc toucher d'abord le sol avec le bout des pieds, et avec les talons tout de suite après, mais pas en même temps.

Il ne faut jamais oublier que, toutes les fois qu'on fait exécuter un exercice avec les jambes, celui-ci ne sera bien accompli que si le corps reste droit sur les hanches, sans aucun mouvement à droite ou à gauche, pas plus qu'en avant ni en arrière pendant l'action des jambes.

Douzième Exercice.

DÉCOMPOSITION DE LA MARCHE EN TROIS TEMPS.

Vitesse du métronome n° 60.

Commandements :

1° *Les mains sur les hanches.*
2° *En position.*
3° *Décomposition de la marche en trois temps.*
4° *En commençant de la jambe gauche.*
5° COMMENCEZ.

Les mains étant placées sur les hanches, au quatrième avertissement, les élèves prendront leur équilibre sur la jambe droite; à celui de *Commencez*, elles élèveront le pied gauche comme le représente la figure 4, en comptant *un;* puis elles étendront la cuisse et la jambe en avant sans mouvement brusque, la pointe du pied basse et légèrement tournée en dehors, en comptant *deux;* ensuite, en maintenant la jambe et la cuisse tendues, elles ramèneront le pied sur le sol près de l'autre, en comptant *trois*. Elles répéteront le même exercice avec la jambe droite et continueront en soutenant le rythme de 60 du métronome, jusqu'au commandement de *Cessez*, qui sera prononcé lorsqu'il restera encore un ou deux temps à compter. Aussitôt l'exercice des jambes terminé, elles replaceront les bras allongés près du corps en comptant *un*.

Avant de passer aux explications propres à faire comprendre les manœuvres qu'on exécute en marchant, je dois recommander de ne pas confondre les *rangs* avec les *files :* les rangs se composent des élèves placées par nombre égal sur une ou plusieurs lignes, et numérotées dans chaque rang de droite à gauche ; les files, au contraire, sont formées de deux, trois, quatre, cinq et six élèves placées les unes derrière les autres ; c'est-à-dire que, s'il y a deux rangs, le n° 1 de chaque rang forme la première file ; le n° 2, la deuxième file, et ainsi de suite jusqu'à la gauche. Il en est de même, quel que soit le nombre de rangs : deux, trois, quatre, cinq ou six ; les rangs étant serrés, la distance entre chacun d'eux doit être de 0^m,40 de la poitrine au dos.

Lorsque les rangs sont plus ou moins éloignés pour les exercices d'ensemble, si le professeur veut les faire serrer pour les marches, il commandera :

1° *Serrez les rangs.*
2° *Partez.*
3° Bien.

Au deuxième avertissement, les élèves de tous les rangs, excepté celles du premier, se mettront en marche et s'arrêteront un peu en arrière, à la distance de 0^m,40, pour s'aligner en faisant des petits pas. Quand le professeur aura reconnu que les rangs sont bien alignés et que leur distance est bonne, il commandera *Bien,* pour faire remettre le bras gauche allongé près du corps et la tête à la position normale.

Cette position prise, le professeur apprendra d'abord aux élèves à *marcher de front*. On nomme ainsi toutes les marches qui ont lieu les élèves faisant face en avant des rangs, en plaçant l'une d'elles bien exercée, soit à droite, soit à gauche du rang, pour servir de guide aux autres. Cela fait, le professeur commandera :

1° *En avant, guide à droite (gauche).*
2° *Partez.*
3° Halte ou Cessez.

Au premier avertissement, la première élève fixera des points de repère qui lui permettront de suivre une ligne droite devant elle. A celui de *Partez*, toutes se mettront en marche, en prenant garde de ne pas dépasser le guide, et sans se serrer de son côté, en partant du pied gauche et en se conformant, pour la vitesse, à cent quinze pas par minute, la longueur de celui-ci étant proportionnée à leur taille, c'est-à-dire un pas qui leur permettra le mieux de marcher librement avec une bonne allure. Dès que le professeur voudra arrêter la marche, il commandera :

1° *Attention.*
2° Halte ou Cessez.

Au deuxième avertissement, qui sera prononcé juste au moment où l'un ou l'autre pied pose sur le sol, les élèves s'arrêteront en plaçant le pied qui est en arrière près de celui sur lequel elles se sont arrêtées.

Cette même marche s'exécute en plaçant le guide à gauche; elle se répète encore en marchant en arrière; seulement, pour les marches en arrière, les pas sont toujours exécutés avec la même vitesse, mais beaucoup plus petits.

MARCHE DE FLANC.

On appelle *marches de flanc* les marches qui ont lieu après qu'on a fait exécuter un à droite ou un à gauche. Cette fois, le professeur commandera :

1º *Par un à droite.*
2º *Droite.*
3º PARTEZ.

Au deuxième avertissement, les élèves feront un à droite ; à celui de *Partez*, elles se mettront en marche en soutenant le pas indiqué pour les marches de front, en ayant soin de bien se maintenir à leur place dans le rang. Quand le professeur voudra faire cesser la marche, il commandera :

1º *Par un à gauche (à droite).*
2º HALTE ou CESSEZ.

Au deuxième commandement, qui sera fait juste au moment où le pied gauche pose sur le sol, les élèves feront un à gauche en plaçant le pied droit près du pied gauche et en ne bougeant plus. Après chaque arrêt, on rectifie les alignements.

Il est entendu que si, au lieu de commander par un *à gauche, halte,* on commande par un *à droite, halte,* c'est sur le pied droit qu'on s'arrêtera.

Que les rangs soient en marche, de front ou de flanc, le professeur peut changer la marche de n'importe quel côté en commandant par un *à droite* ou par un *à gauche, partez*. Après chaque commandement, les élèves font un à droite ou un à gauche et continuent de marcher dans leur nouvelle direction.

Pour les demoiselles, il y a encore une manœuvre qui trouve souvent son application : c'est de faire *par files à droite* ou *par files à gauche*. Cette manœuvre ne s'exécute que dans les marches de flanc.

Je suppose que les élèves sont en marche après avoir fait par un à droite ; si le professeur veut les faire changer de direction à gauche, il commandera :

1º *Par file à gauche à angle droit.*
2º Partez.

Au deuxième avertissement, la première du premier rang fera des petis pas sur place en tournant progressivement à gauche, et toutes les premières des autres rangs suivront ce mouvement, en conservant l'alignement sur la première. Aussitôt que l'angle droit est achevé, les élèves de la première file marchent de nouveau droit devant elles, et toutes les autres files viennent successivement tourner à gauche à la place de la première.

Cette manœuvre s'exécute également en commandant *par files à droite*, et je répète qu'elle est souvent mise en pratique, soit pour se diriger d'une machine vers une autre, soit pour changer la direction des rangs.

Il est encore utile d'apprendre aux élèves à changer le pied qu'elles portent en avant, pour le cas où l'une d'elles perdrait la règle de la marche générale. Voici ce qu'on doit faire : on s'arrête sur le pied qui est en avant, puis l'on pose le pied qui est derrière près de celui-ci et l'on repart aussitôt du pied qui s'est posé le premier sur le sol. En langage militaire cela s'appelle *changer le pas*. Ce changement s'exécute indistinctement sur l'un ou l'autre pied.

Bien que l'exercice dont je vais parler ne soit pas familier aux demoiselles, comme on est susceptible de le leur faire exécuter quelquefois, je vais le décrire aussi brièvement que possible : c'est du *pas gymnastique* qu'il s'agit. L'expression : *pas gymnastique*, sans autre explication, signifie que ce pas doit être exécuté en soutenant une vitesse de 170 pas par minute, d'une longueur de $0^m,80$ d'un talon à l'autre. Pour les demoiselles, on ne s'occupera absolument que de la vitesse, la longueur du pas étant toujours proportionnée à la taille. Lorsque le professeur voudra faire exécuter ce pas, il commandera :

1° *Pas gymnastique.*
2° Partez.

Au premier avertissement, les élèves placeront les avant-bras horizontalement de chaque côté du corps, les mains un peu fermées, les coudes un peu en arrière, de façon à avoir la poitrine libre pendant la course. Elles porteront en même temps le corps sur la jambe droite. A celui de *Partez*, elles commenceront à courir en partant du pied gauche, avec une vitesse de 170 pas par minute.

Le professeur fera arrêter de temps en temps, pour adresser des observations à celles qui ne se tiendraient pas dans les conditions voulues.

Pour les demoiselles, cette course devra toujours être de peu de durée. Si l'emplacement est insuffisant, le professeur fera courir en décrivant toutes sortes de sinuosités, en plaçant des élèves de manière que l'on tourne autour d'elles, ou autour de colonnes ou de tout autre objet.

Voici une façon de marcher ou de courir qui plaît beaucoup aux élèves de tout âge : On en fait placer deux au milieu d'un préau, à 2 mètres de distance environ l'une de l'autre ; puis, les élèves étant sur un rang tournent en rond toujours vers la droite, en rapetissant les cercles successivement et de façon à laisser entre chacun d'eux assez d'espace pour que, en revenant, elles puissent circuler dans ces espaces sans se gêner. Celle qui conduit, étant arrivée près d'une des deux élèves placées comme on l'a dit, tourne vers sa droite autour de la première, passe entre les deux et tourne autour de la seconde en revenant vers sa gauche, et continue de marcher ensuite en passant dans les intervalles qu'elle a conservés.

Ceci s'appelle *marche* ou *course en spirale*. Dans leur langage imagé, les jeunes filles appellent cela *faire l'artichaut*.

Avant de continuer la description des exercices, je tiens à recommander très sérieusement aux professeurs de s'appliquer aux règles des commandements ; car la bonne exécution des exercices dépend beaucoup de la façon dont ils sont commandés. Les divers avertissements qui indiquent ce qu'on veut faire exécuter doivent être énoncés clairement et sans précipitation ; en outre, il faut toujours mettre un court intervalle entre la fin des explications et le commandement bref qui doit faire commencer l'exercice.

Afin de n'avoir pas à indiquer pour chaque exercice si les mains doivent être placées sur les hanches, je dis, une fois pour toutes, que, pour tous les exercices de la tête et du corps, ainsi que pour la plupart de ceux des jambes, les mains devront toujours être placées sur les hanches. Pour replacer les bras allongés près du corps, on commandera *Bien;* il en sera de même pour la distance qu'on devra faire prendre entre les élèves avant de commencer un exercice quelconque.

Treizième Exercice.

TOURNER LA TÊTE VERS LA DROITE ET VERS LA GAUCHE EN QUATRE TEMPS.

Vitesse du métronome n° 50.

Commandements :

1° *Tourner la tête vers la droite et vers la gauche, en quatre temps.*
2° *En commençant du côté droit.*
3° Commencez.

Au commandement de *Commencez,* les élèves tourneront la tête vers leur droite, en comptant *un;* elles la ramèneront à la position directe, en comptant *deux;* elles la tourneront ensuite vers leur gauche, en comptant *trois,* puis encore à la position directe, en comptant *quatre,* et elles continueront de la même manière jusqu'au commandement de *Cessez.*

Pour cet exercice, la tête doit être maintenue droite.

Quatorzième Exercice.

TOURNER LE CORPS VERS LA DROITE ET VERS LA GAUCHE
EN QUATRE TEMPS.

Vitesse du métronome n° 50.

Commandements :

1° *Tourner le corps vers la droite et vers la gauche, en quatre temps.*
2° *En commençant du côté droit.*
3° Commencez.

Au commandement de *Commencez*, les élèves tourneront le plus possible le corps vers leur droite ainsi que la tête, sans déranger les pieds, en comptant *un;* elles se replaceront ensuite face en avant, en comptant *deux*, puis elles se tourneront vers leur gauche, en comptant *trois*, et encore face en avant en comptant *quatre*, et elles continueront de même jusqu'au commandement de *Cessez*.

Pendant ces mouvements, le corps et la tête doivent être maintenus droits.

Quinzième Exercice.

INCLINER LE CORPS VERS LA DROITE ET VERS LA GAUCHE
EN QUATRE TEMPS.

Vitesse du métronome n° 50.

Commandements :

1° *Incliner le corps vers la droite et vers la gauche, en quatre temps.*
2° *En commençant vers la droite.*
3° Commencez.

Au commandement de *Commencez*, les élèves inclineront le corps et la tête vers leur droite, sans le tourner, en comptant *un* (voyez la figure 5); elles ramèneront ensuite le corps à la position directe, en comptant *deux*,

Fig. 5.

puis elles l'inclineront vers leur gauche en comptant *trois*; elles le ramèneront de nouveau face en avant, en comptant *quatre*, et continueront de même jusqu'au commandement de *Cessez*.

Seizième Exercice.

INCLINER LA TÊTE VERS LA DROITE ET VERS LA GAUCHE
EN QUATRE TEMPS.

Vitesse du métronome n° 50.

Commandements :

1° *Incliner la tête vers la droite et vers la gauche, en quatre temps.*
2° *En commençant vers la droite.*
3° COMMENCEZ.

Au commandement de *Commencez*, les élèves inclineront la tête vers leur droite sans la tourner, en comptant *un;* elles la ramèneront à la position directe, en comptant *deux;* elles l'inclineront ensuite vers leur gauche, en comptant *trois,* puis à sa position normale, en comptant *quatre,* et elles continueront de même jusqu'au commandement de *Cessez.*

Dix-septième Exercice.

INCLINER LA TÊTE EN AVANT ET EN ARRIÈRE
EN QUATRE TEMPS.

Vitesse du métronome n° 40.

Commandements :

1° *Incliner la tête en avant et en arrière, en quatre temps.*
2° *En commençant en avant.*
3° COMMENCEZ.

Au dernier avertissement, les élèves pencheront la tête en avant, sans trop forcer, en comptant *un;* elles redresseront ensuite la tête à sa position directe, en comptant *deux;* elles l'inclineront en arrière sans forcer, en comptant *trois*, puis de nouveau directement en comptant *quatre*, et elles continueront ainsi jusqu'au commandement de *Cessez*.

Dix-huitième Exercice.

INCLINER LE CORPS EN AVANT ET EN ARRIÈRE EN QUATRE TEMPS.

Vitesse du métronome n° 40.

Commandements :

1° *Incliner le corps en avant et en arrière, en quatre temps.*
2° *En commençant en avant.*
3° Commencez.

Au commandement de *Commencez*, les élèves inclineront le corps et la tête en avant, sans forcer le mouvement, en comptant *un;* puis elles se redresseront, en comptant *deux;* elles l'inclineront ensuite en arrière, ainsi que la tête, sans exagération, en comptant *trois*, et elles le redresseront de nouveau en comptant *quatre*, pour continuer de même jusqu'au commandement de *Cessez*.

Dix-neuvième Exercice.

PORTER ALTERNATIVEMENT LES JAMBES
ET LES CUISSES TENDUES EN AVANT, EN DEUX TEMPS.

Vitesse du métronome n° 40.

Commandements :

1° *Porter alternativement les jambes et les cuisses tendues en avant, en deux temps.*
2° *En commençant de la jambe gauche.*
3° COMMENCEZ.

Au commandement de *Commencez*, les élèves porteront la jambe et la cuisse gauche tendues en avant, sans trop élever le pied, en baissant la pointe de ce dernier le plus possible, en comptant *un ;* puis, en maintenant la jambe et la cuisse tendues, elles replaceront le pied gauche près du pied droit, en comptant *deux*. Elles répéteront aussitôt le même exercice avec la jambe et la cuisse droites et continueront de la même manière, en alternant, jusqu'au commandement de *Cessez*.

Vingtième Exercice.

INCLINER LE CORPS EN AVANT ET SE REDRESSER EN
PORTANT LES ÉPAULES EN ARRIÈRE EN DEUX TEMPS.

Ces deux mouvements se font encore plus lentement que
le n° 40 du métronome.

Commandements :

1° *Incliner le corps en avant et se redresser en portant les épaules en arrière, deux temps.*
2° COMMENCEZ.

Au commandement de *Commencez*, les élèves inclineront le plus possible le corps en avant sans plier au jarret, les bras allongés vers le sol, en comptant *un* (voyez la figure 6) ; elles se redresseront ensuite sans

Fig. 6.   Fig. 7.

mouvement brusque, jusqu'à ce que le corps soit à sa position directe et sans avancer la ceinture, ainsi que représente la figure 7, en portant les épaules en arrière, les mains tournées en supination, en comptant *deux*. Elles recommenceront et continueront ensuite de même, jusqu'au commandement de *Cessez*.

Pour que cet exercice produise son effet salutaire, il faut provoquer en se redressant un effort des muscles supérieurs de la poitrine, principalement des pectoraux, et baisser les épaules. La figure 7 ne représente pas la position d'une façon tout à fait exacte : la ceinture est trop portée en avant.

Vingt et unième Exercice.

PORTER ALTERNATIVEMENT EN AVANT
LES AVANT-BRAS SUR LES BRAS, EN DEUX TEMPS.

Vitesse du métronome n° 130.

Commandements :

1° *Porter alternativement en avant les avant-bras sur les bras, en deux temps.*
2° *En commençant de l'avant-bras droit.*
3° COMMENCEZ.

Au commandement de *Commencez*, les élèves porteront avec vigueur l'avant-bras droit sur le bras, sans déranger ce dernier, en comptant *un ;* puis elles le redescendront près du corps en comptant *deux*. Elles répéteront aussitôt le même exercice avec l'avant-bras gauche, puis encore avec l'avant-bras droit, et continueront de même, suivant la vitesse indiquée, jusqu'au commandement de *Cessez*.

Vingt-deuxième Exercice.

PORTER SIMULTANÉMENT EN AVANT
LES AVANT-BRAS SUR LES BRAS, EN DEUX TEMPS.

Même vitesse que pour l'exercice précédent.

Mêmes commandements, en remplaçant *alternativement* par *simultanément*.

Vingt-troisième Exercice.

PORTER ALTERNATIVEMENT SUR LES CÔTÉS
LES AVANT-BRAS SUR LES BRAS, EN QUATRE TEMPS.

Même vitesse que pour les deux exercices précédents.

Commandements :

1° *Porter alternativement sur les côtés les avant-bras sur les bras, en quatre temps.*
2° *En commençant de l'avant-bras droit.*
3° COMMENCEZ.

Au commandement de *Commencez*, les élèves tourneront la main droite à demi fermée en supination, en comptant *un;* puis elles porteront vivement l'avant-bras sur le bras, en comptant *deux;* elles redescendront tout de suite l'avant-bras près du corps, en comptant *trois,* et elles replaceront la main dans sa position de pronation ordinaire, en comptant *quatre.* Elles répéteront aussitôt le même exercice avec l'avant-bras gauche, et continueront ainsi jusqu'au commandement de *Cessez.*

Vingt-quatrième Exercice.

PORTER SIMULTANÉMENT SUR LES CÔTÉS
LES AVANT-BRAS SUR LES BRAS, EN QUATRE TEMPS.

Même vitesse et même règle que pour l'exercice précédent,
en faisant agir les avant-bras simultanément.

Comme pour les exercices 21 et 22, les bras resteront fixés au corps pendant l'action des avant-bras sur les côtés.

Vingt-cinquième Exercice.

DÉCRIRE ALTERNATIVEMENT AVEC LES PIEDS
UN CERCLE DE DEDANS EN DEHORS, EN DEUX TEMPS.

Vitesse du métronome n° 30.

Commandements :

1° *Décrire avec les pieds un cercle de dedans en dehors, en deux temps.*
2° *En commençant du pied droit.*
3° COMMENCEZ.

Au commandement de *Commencez*, les élèves élèveveront le pied droit en dirigeant la pointe vers leur gauche et en le passant au-dessus du pied gauche en comptant *un ;* puis elles dirigeront le pied vers leur gauche, en baissant la pointe, la cuisse et la jambe tendues ; elles décriront avec le pied le plus grand cercle possible passant le pied devant elles, puis vers leur droite et en arrière pour terminer le cercle en reposant le pied droit contre le pied gauche, en comptant *deux*. Aussitôt que l'équilibre sera établi sur les jambes, elle répéteront le même exercice avec le pied et la jambe gauches et continueront alternativement jusqu'au commandement de *Cessez*.

Cet exercice est très important, car il exige que l'on porte les jambes en adduction et en abduction, mouvements utiles qu'on n'aurait pas souvent l'occasion de faire, s'il n'était exigé comme exercice.

Vingt-sixième Exercice.

PORTER ALTERNATIVEMENT LES BRAS TENDUS EN AVANT,
EN DEUX TEMPS.

Vitesse du métronome n° 80.

Commandements :

1° *Porter alternativement les bras tendus en avant, en deux temps.*
2° *En commençant par le bras droit.*
3° COMMENCEZ.

Au dernier avertissement, les élèves élèveront vigoureusement le bras droit en avant, sans déranger la position du corps, jusqu'à ce qu'il soit à la ligne horizontale, en comptant *un;* puis elles le replaceront près du corps, en comptant *deux*. Elles répéteront cet exercice avec le bras gauche et elles continueront alternativement jusqu'au commandement de *Cessez*.

Vingt-septième Exercice.

PORTER SIMULTANÉMENT LES BRAS TENDUS EN AVANT,
EN DEUX TEMPS.

Vitesse du métronome n° 80.

Commandements :

1° *Porter simultanément les bras tendus en avant, en deux temps.*
2° COMMENCEZ.

C'est la répétition de l'exercice précédent, en faisant agir les bras simultanément et en ayant soin de les bien maintenir parallèlement, les ongles se faisant face.

Vingt-huitième Exercice.

PORTER ALTERNATIVEMENT LES BRAS ET LES AVANT-BRAS TENDUS SUR LES COTÉS, EN QUATRE TEMPS.

Vitesse du métronome n° 80.

Commandements :

1° *Porter alternativement les bras tendus sur les côtés, en quatre temps.*
2° *En commençant du bras droit.*
3° COMMENCEZ.

Au dernier avertissement, les élèves tourneront la main à demi fermée en supination, en comptant *un;* puis elles élèveront avec énergie le bras vers leur droite, en l'arrêtant avec vigueur à la ligne horizontale, en comptant *deux;* elles le replaceront tout de suite près du corps, en comptant *trois*, et ramèneront la main à sa position de pronation ordinaire, en comptant *quatre.* Elles répéteront aussitôt le même exercice avec le bras gauche et continueront ainsi alternativement jusqu'au commandement de *Cessez.*

Vingt-neuvième Exercice.

PORTER SIMULTANÉMENT LES BRAS ET AVANT-BRAS TENDUS SUR LES COTÉS, EN 4 TEMPS.

Vitesse du métronome n° 80.

Commandements :

1° *Porter simultanément les bras tendus sur les côtés, en quatre temps.*
2° COMMENCEZ.

C'est la répétition de l'exercice précédent, en faisant agir les bras simultanément.

Trentième Exercice.

S'ÉLEVER ALTERNATIVEMENT LE PLUS POSSIBLE
SUS LES PIEDS, EN QUATRE TEMPS.

Vitesse du métronome n° 60.

Commandements :

1° *S'élever alternativement le plus possible sur les pieds, en quatre temps.*
2° *En commençant sur le pied droit.*
3° COMMENCEZ.

Au dernier avertissement, les élèves fermeront un peu le pied droit, en comptant *un ;* puis elles s'élèveront le plus possible sur lui, en comptant *deux ;* elles reposeront le talon sur le sol, en comptant *trois*, et elles replaceront le pied à sa position normale, en comptant *quatre*. Le même exercice sera recommencé sur le pied gauche, et on continuera ainsi alternativement jusqu'au commandement de *Cessez*.

Trente et unième Exercice.

S'ÉLEVER SIMULTANÉMENT LE PLUS POSSIBLE
SUR LES PIEDS, EN QUATRE TEMPS.

Vitesse du métronome n° 60.

Commandements :

1° *S'élever simultanément sur les pieds, en quatre temps.*
2° COMMENCEZ.

Au dernier avertissement, les élèves réuniront les pieds en comptant *un ;* elles s'élèveront ensuite le plus possible sur eux, en comptant *deux*; puis elles reposeront les talons sur le sol, en comptant *trois*, et ouvriront les pieds à leur position normale, en comptant *quatre*.

Ces deux exercices doivent être exécutés avec énergie; quand on s'élève sur les pieds, les épaules doivent être maintenues basses, les mains bien placées sur les hanches, le corps droit.

Trente-deuxième Exercice.

PORTER ALTERNATIVEMENT LES BRAS TENDUS EN AVANT ET SUR LES COTÉS, EN TROIS TEMPS.

Vitesse du métronome n° 60.

Commandements :

1° *Porter alternativement les bras tendus en avant et sur les côtés, en trois temps.*
2° *En commençant du bras droit.*
3° COMMENCEZ.

Au dernier avertissement, les élèves élèveront avec vigueur le bras droit tendu en avant jusqu'à la ligne horizontale, en comptant *un*; elles le porteront ensuite avec la même vigueur vers leur droite, en comptant *deux*; puis elles le replaceront près du corps, en comptant *trois*. Elles répéteront immédiatement le même exercice avec le bras gauche et continueront ainsi alternativement jusqu'au commandement de *Cessez*.

Trente-troisième Exercice.

PORTER SIMULTANÉMENT LES BRAS TENDUS EN AVANT ET SUR LES CÔTÉS, EN TROIS TEMPS.

Vitesse du métronome n° 60.

Commandements :

1° *Porter simultanément les bras tendus en avant et sur les côtés, en trois temps.*
2° COMMENCEZ.

C'est la répétition de l'exercice précédent, en faisant agir les bras simultanément.

Trente-quatrième Exercice.

PORTER ALTERNATIVEMENT LES BRAS TENDUS SUR LES CÔTÉS ET EN AVANT, EN QUATRE TEMPS.

Vitesse du métronome n° 60.

Commandements :

1° *Porter alternativement les bras tendus sur les côtés et en avant, en quatre temps.*
2° *En commençant du bras droit.*
3° COMMENCEZ.

Au dernier avertissement, les élèves tourneront la main droite à demi fermée et en supination en comptant *un* ; elles élèveront ensuite vivement le bras sur le côté jusqu'à la ligne horizontale, en comptant *deux* ; puis elles le redescendront près du corps, en comptant *trois*, et replaceront la main en pronation ordinaire, en comptant *quatre*. Elles répéteront aussitôt le même exercice avec le bras gauche et continueront ainsi alternativement jusqu'au commandement de *Cessez*.

Trente-cinquième Exercice.

PORTER SIMULTANÉMENT LES BRAS TENDUS SUR LES COTÉS ET EN AVANT, EN QUATRE TEMPS.

Vitesse du métronome n° 60.

Commandements :

1° *Porter simultanément les bras tendus sur les côtés et en avant, en quatre temps.*
2° COMMENCEZ.

C'est la répétition de l'exercice précédent, en faisant agir les bras simultanément.

Trente-sixième Exercice.

PORTER ALTERNATIVEMENT LES JAMBES SUR LES CUISSES, EN DEUX TEMPS.

Vitesse du métronome n° 60.

Commandements :

1° *Porter alternativement les jambes sur les cuisses, en deux temps.*
2° *En commençant de la jambe gauche.*
3° COMMENCEZ.

Au dernier avertissement, les élèves élèveront la jambe gauche aussi haut que possible en arrière, sans remuer la cuisse, en comptant *un ;* puis elles la baisseront en replaçant le pied près de l'autre, sans frapper le sol, en comptant *deux*. Elles répéteront aussitôt le même exercice avec la jambe droite, et continueront ainsi jusqu'au commandement de *Cessez*.

Pendant cet exercice, le corps doit être maintenu droit.

Trente-septième Exercice.

PORTER ALTERNATIVEMENT LES BRAS TENDUS EN AVANT ET AU-DESSUS DES ÉPAULES, EN QUATRE TEMPS.

Vitesse du métronome n° 80.

Commandements :

1° *Porter alternativement les bras tendus en avant et au-dessus des épaules, en quatre temps.*
2° *En commençant du bras droit.*
3° COMMENCEZ.

Au dernier avertissement, les élèves porteront avec vigueur le bras droit en avant, en l'arrêtant à la ligne horizontale et en comptant *un* ; elles le porteront avec la même vigueur verticalement au-dessus de l'épaule, en comptant *deux* ; elles le replaceront ensuite à la première position, en comptant *trois*, puis près du corps, en comptant *quatre*. Elles répéteront aussitôt le même exercice avec le bras gauche, pour continuer ainsi alternativement jusqu'au commandement de *Cessez*.

Trente-huitième Exercice.

PORTER SIMULTANÉMENT LES BRAS TENDUS EN AVANT
ET AU-DESSUS DES ÉPAULES, EN QUATRE TEMPS.

Vitesse du métronome n° 80.

Commandements :

1° *Porter simultanément les bras tendus en avant et au-dessus des épaules, en quatre temps.*
2° COMMENCEZ.

C'est la répétition de l'exercice précédent, en faisant agir les bras simultanément.

Pendant l'action nécessitée par ces deux exercices, le corps doit rester droit.

Trente-neuvième Exercice.

PORTER ALTERNATIVEMENT LES JAMBES
TENDUES EN AVANT ET EN ARRIÈRE, EN QUATRE TEMPS.

Vitesse du métronome n° 40.

Commandements :

1° *Porter alternativement les jambes tendues en avant et en arrière, en quatre temps.*
2° *En commençant de la jambe gauche.*
3° COMMENCEZ.

Au dernier avertissement, les élèves porteront la jambe gauche tendue en avant, la pointe du pied baissée, en comptant *un;* puis elles la porteront aussi loin que possible en arrière, en comptant *deux;* elles la reporteront de nouveau en avant, en comptant *trois;* elles replaceront ensuite le pied près de l'autre sans frapper le sol, en comptant *quatre*. Elles recommenceront aussitôt le même exercice avec la jambe droite, et continueront en alternant jusqu'au commandement de *Cessez*.

La difficulté de cet exercice est de maintenir le corps dans sa rectitude pendant l'action des jambes.

Quarantième Exercice.

PORTER ALTERNATIVEMENT LES BRAS TENDUS SUR LES CÔTÉS ET AU-DESSUS DES ÉPAULES, EN QUATRE TEMPS.

Vitesse du métronome n° 80.

Commandements :

1° *Porter alternativement les bras tendus sur les côtés et au-dessus des épaules, en quatre temps.*
2° *En commençant du bras droit.*
3° COMMENCEZ.

Au dernier avertissement, les élèves lèveront le bras tendu vers leur droite en l'arrêtant énergiquement à la ligne horizontale, en comptant *un* ; puis elles le porteront aussitôt verticalement au-dessus de l'épaule, en comptant *deux* ; elles le replaceront alors à la première position en comptant *trois*, ensuite près du corps en comptant *quatre*. Elles répéteront aussitôt le même exercice avec le bras gauche et continueront en alternant jusqu'au commandement de *Cessez*.

Quarante et unième Exercice.

PORTER SIMULTANÉMENT LES BRAS
TENDUS SUR LES COTÉS ET AU-DESSUS DES ÉPAULES,
EN QUATRE TEMPS.

Vitesse du métronome n° 80.

Commandements :

1° *Porter simultanément les bras tendus sur les côtés et au-dessus des épaules, en quatre temps.*
2° Commencez.

C'est la répétition de l'exercice précédent, en faisant agir les bras simultanément.

Ces deux exercices, comme les autres, ne seront profitables à la bonne tenue du corps que s'il reste immobile pendant l'action des bras.

Quarante-deuxième Exercice.

PORTER ALTERNATIVEMENT LES JAMBES VERS LA DROITE
ET VERS LA GAUCHE, EN DEUX TEMPS.

Vitesse du métronome n° 40.

Commannements :

1° *Porter les jambes vers la droite et vers la gauche, en deux temps.*
2° *En commençant de la jambe gauche.*
3° Commencez.

Au dernier avertissement, les élèves éloigneront le pied et la jambe gauches vers leur gauche, en abduction.

sans trop forcer et sans déranger la position du corps, en comptant *un;* puis elles ramèneront le pied près de l'autre, sans frapper le sol, en comptant *deux.* Elles répéteront cet exercice avec la jambe droite et continueront en alternant jusqu'au commandement de *Cessez.*

Pendant les mouvements, les jambes et les cuisses doivent rester tendues sans raideur, les pieds restant dans leur position ordinaire.

Quarante-troisième Exercice.

ÉLEVER ENSEMBLE LES BRAS TENDUS SUR LES COTÉS ET EN L'AIR, EN QUATRE TEMPS.

Vitesse du métronome n° 40.

Commandements :

1° *Élever les bras tendus sur les côtés et en l'air, en quatre temps.*
2° COMMENCEZ.

Au dernier avertissement, les élèves tourneront les mains en supination, les doigts allongés, en comptant *un;* puis elles élèveront, sans marquer de temps d'arrêt, les bras sur les côtés, les doigts dans la même position, jusqu'à ce que les pouces se touchent au-dessus de la tête, en comptant *deux* (voyez la figure 8 lorsque les bras s'élèvent, et la figure n° 9 lorsque les mains sont au-dessus de la tête); elles redescendront ensuite les bras près du corps, en comptant *trois,* et replaceront les mains dans leur position de pronation ordinaire, en comptant *quatre,* pour continuer de la sorte jusqu'au commandement de *Cessez.*

Le professeur ne doit pas oublier de recommander

aux élèves de ne pas baisser la tête ni avancer la ceinture pendant les mouvements des bras.

Fig. 8.   Fig. 9.

Quarante-quatrième Exercice.

LANCER ALTERNATIVEMENT LES BRAS EN AVANT AVEC FLEXION, EN QUATRE TEMPS.

<small>Vitesse du métronome n° 120.</small>

Commandements :

1° *Lancer alternativement les bras en avant avec flexion, en quatre temps.*
2° *En commençant du bras droit.*
3° COMMENCEZ.

Au dernier avertissement, les élèves feront monter le

poignet droit près du corps, en élevant un peu le coude ; puis, quand le poignet sera arrivé à la hauteur de l'aisselle, elles lui feront faire un mouvement de renversement de bas en haut et en avant, en replaçant le coude en bas et en arrière du corps, en comptant *un;* elles lanceront alors assez vivement le bras en avant, suivant une ligne horizontale et sans déranger le corps, en comptant *deux;* elles tourneront ensuite le poignet en supination et le ramèneront sans trop l'élever devant l'épaule droite, le coude élevé, en comptant *trois;* elles descendront ensuite le poignet le long du corps jusqu'à ce que le bras soit allongé, en comptant *quatre.*

Le même exercice sera immédiatement répété avec le bras gauche, et continué en alternant jusqu'au commandement de *Cessez.*

Quarante-cinquième Exercice.

LANCER SIMULTANÉMENT LES BRAS EN AVANT AVEC FLEXION, EN QUATRE TEMPS.

Vitesse du métronome n° 120.

Commandements :

1° *Lancer ensemble les bras en avant avec flexion, en quatre temps.*
2° COMMENCEZ.

C'est la répétition de l'exercice précédent, en faisant agir les bras simultanément. (Voyez la figure 10, lorsque les poignets sont placés au troisième temps pour descendre vers le sol près du corps).

Dans cet exercice, plus les poignets sont rapprochés

des épaules au premier et au troisième temps, plus il a d'action sur le développement de la poitrine.

Fig. 10.

Quarante-sixième Exercice.

LANCER ALTERNATIVEMENT LES BRAS
AU-DESSUS DES ÉPAULES, AVEC FLEXION, EN QUATRE TEMPS.

Vitesse du métronome n° 120.

Commandements :

1° *Lancer alternativement les bras au-dessus des épaules, avec flexion, en quatre temps.*
2° *En commençant du bras droit.*
3° COMMENCEZ.

Au dernier avertissement, les élèves feront monter le

poignet droit le long du corps, jusqu'à la hauteur de l'épaule, en lui faisant subir un renversement de bas en haut, le poignet placé cette fois de façon à être dirigé en l'air, en comptant *un ;* puis elles le lanceront verticalement au-dessus de l'épaule, jusqu'à ce que le bras soit complètement allongé, en comptant *deux ;* elles redescendront ensuite le poignet devant l'épaule, en laissant le coude en l'air, en comptant *trois,* puis vers le sol jusqu'à ce que le bras soit allongé, en comptant *quatre.* Elles répéteront aussitôt le même exercice avec le bras gauche et continueront de même en alternant, jusqu'au commandement de *Cessez.*

Quarante-septième Exercice.

LANCER SIMULTANÉMENT LES BRAS
AU-DESSUS DES ÉPAULES, AVEC FLEXION,
EN QUATRE TEMPS.

Vitesse du métronome n° 120.

Commandements :

1° *Lancer simultanément, avec flexion, les bras au-dessus des épaules, en quatre temps.*

2° COMMENCEZ.

C'est la répétition de l'exercice précédent, en faisant agir les bras simultanément.

Voyez la figure 11, qui représente les poignets placés au premier temps pour être dirigés en l'air.

Dans cet exercice encore, plus les poignets seront

placés près des épaules en montant et en descendant, plus il favorisera le développement de la poitrine.

Fig. 11.

Quarante-huitième Exercice.

LANCER ALTERNATIVEMENT LES BRAS SUR LES COTÉS, AVEC FLEXION, EN QUATRE TEMPS.

Vitesse du métronome n° 120.

Commandements :

1° *Lancer alternativement les bras sur les cotés, avec flexion, en quatre temps.*
2° *En commençant du bras droit.*
3° COMMENCEZ.

Au dernier avertissement, les élèves élèveront le

poignet droit jusqu'à la hauteur de l'épaule ; puis elles lui feront subir un mouvement de renversement jusqu'à ce qu'il soit en position d'être lancé vers la droite, en comptant *un ;* elles le lanceront ensuite vers la droite jusqu'à ce que le bras soit allongé, en comptant *deux ;* elles le ramèneront alors devant l'épaule droite, en laissant le coude en l'air, en comptant *trois ;* puis elles le redescendront près du corps, en comptant *quatre.* Elles recommenceront aussitôt le même exercice avec le bras gauche, et continueront en alternant jusqu'au commandement de *Cessez.*

Quarante-neuvième Exercice.

LANCER SIMULTANÉMENT SUR LES COTÉS LES BRAS, AVEC FLEXION, EN QUATRE TEMPS.

Vitesse du métronome n° 120.

Commandements :

1° *Lancer simultanément sur les cotés les bras, avec flexion, en quatre temps.*

2° COMMENCEZ.

C'est la répétition de l'exercice précédent, en faisant agir les bras simultanément. (Voyez la figure 12, qui représente la position des poignets placés au premier temps pour être lancés sur les côtés.)

Il est bon de faire observer ici que, pour tous les exercices de bras avec flexion, exécutés soit en restant en place, soit en avançant ou en reculant, cette position des poignets devant et près des épaules sera toujours la même.

Fig. 12.

Cinquantième Exercice.

SE TENIR ALTERNATIVEMENT EN ÉQUILIBRE SUR UNE JAMBE.

Vitesse du métronome n° 80, en comptant 10 temps pendant qu'on se tient en équilibre sur une jambe.

Commandements :

1° *Pour se tenir en équilibre sur la jambe droite, en comptant dix temps.*

2° COMMENCEZ.

Au premier avertissement, les élèves s'apprêteront à

se maintenir en équilibre sur la jambe droite ; à celui de *Commencez*, elles élèveront la jambe gauche comme le représente la figure 4, et elles compteront jusqu'à 10 suivant la vitesse indiquée ; à 10, elles resteront en équilibre sur la jambe gauche, pour recommencer à compter le même nombre de temps sur cette jambe et continuer de même jusqu'au commandement de *Cessez*.

Quoique simple, cet exercice est très utile, et il vient souvent en aide pour l'exécution d'autres exercices plus difficiles. On va juger immédiatement de son utilité dans l'exercice suivant.

Cinquante et unième Exercice.

LANCER SIMULTANÉMENT LES EXTRÉMITÉS OPPOSÉES, LA JAMBE GAUCHE VERS LE SOL, ET LE BRAS DROIT EN L'AIR, EN DEUX TEMPS.

Vitesse du métronome n° 60.

Commandements :

1° *Lancer simultanément les extrémités opposées, la jambe gauche vers le sol, et le bras droit eu l'air, en deux temps.*

2° *En position.*

3° COMMENCEZ.

Au premier avertissement, les élèves s'apprêteront à se tenir en équilibre sur la jambe droite ; à celui de *En position*, elles élèveront en même temps les poignets, en dirigeant le gauche en bas et le droit en l'air, en levant la jambe gauche en comptant *un* (voyez la figure 13) ; au commandement de *Commencez*, elles lanceront le bras droit en l'air, en fixant le poignet, puis le bras gauche en bas, ainsi que la jambe gauche un peu portée en abduction, en comptant *un* (voyez la figure 14), pour revenir à la première position, en comptant *deux*.

Fig. 13.   Fig. 14.

Les mouvements sont assez compliqués : pour reprendre la position de la figure 13, il faut faire décrire au poignet gauche un mouvement de renversement de haut en bas, pendant que la jambe gauche reprend sa position primitive.

On continue ensuite de même, suivant la vitesse indiquée, jusqu'au commandement de *Cessez*, pour reprendre la même position sur la jambe gauche, et répéter le même exercice en se maintenant en équilibre sur cette jambe.

Lorsqu'il est bien compris, cet exercice ne manque pas de grâce, et il force en quelque sorte les élèves à exercer leur esprit en même temps que le corps.

Cinquante-deuxième Exercice.

FAIRE AGIR ALTERNATIVEMENT
LES BRAS TENDUS EN DEMI-CIRCUMDUCTION,
EN DEUX TEMPS.

Vitesse du métronome n° 40.

Commandements :

1° *Faire agir alternativement les bras en demi-circumduction, en deux temps.*
2° *En commençant du bras droit.*
3° Commencez.

Au dernier avertissement, les élèves élèveront devant elles le bras droit tendu jusqu'à ce qu'il passe par la ligne verticale au-dessus de l'épaule, en comptant *un*; puis, sans s'arrêter à cette position, elles continueront de le descendre toujours tendu vers la droite, en comptant *deux* lorsqu'il vient se replacer près du corps.

On recommencera ensuite le même exercice avec le bras gauche, et on continuera, en alternant, suivant la vitesse indiquée, jusqu'au commandement de *Cessez*.

Cinquante-troisième Exercice.

FAIRE AGIR SIMULTANÉMENT
LES BRAS TENDUS EN DEMI-CIRCUMDUCTION, EN DEUX TEMPS.

Vitesse du métronome n° 40.

Commandements :

1° *Faire agir simultanément les bras en demi-circumduction, en deux temps.*
2° COMMENCEZ.

C'est la répétition de l'exercice précédent, en faisant agir les bras simultanément.

Pour que ces deux exercices soient exécutés d'une façon profitable au développement rationnel de la poitrine, le corps et la tête ne doivent pas se déranger. Quand l'exercice est commencé, les bras doivent décrire leur mouvement sans temps d'arrêt pendant leur parcours, et en tournant les poignets en supination lorsqu'ils descendent vers la droite et vers la gauche.

Cinquante-quatrième Exercice.

TOUCHER LE SOL EN AVANT AVEC LES TALONS
ET LA POINTE DES PIEDS, EN QUATRE TEMPS.

Vitesse du métronome n° 100.

Commandements :

1° *Toucher le sol avec les talons et le bout des pieds, en quatre temps.*
2° *En commençant du pied gauche.*
3° COMMENCEZ.

Au dernier avertissement, les élèves porteront le talon gauche en avant sur le sol, en levant le plus possible le bout du pied et en comptant *un*; puis elles lèveront le talon pour poser à son tour le bout du pied, en comptant *deux*; elles reposeront de nouveau le talon, en comptant *trois*, et elles replaceront le pied sur le sol près de l'autre sans le frapper, en comptant *quatre*. Elles répéteront ensuite le même exercice avec le pied droit, et continueront en alternant, suivant la vitesse indiquée, jusqu'au commandement de *Cessez*.

Pour faciliter les mouvements des pieds, la jambe sur laquelle on se tient en équilibre doit fléchir un peu au jarret.

Nous faisons exécuter ordinairement la série des quatre exercices qui suivent en leur appliquant le chant de notre Recueil : *Puissante gymnastique*, *etc.*; mais ce chant n'étant pas connu de tout le monde, et, d'un autre côté, certaines personnes ne pouvant chanter, je vais les décrire en comptant à peu près les mêmes nombres de mouvements que lorsqu'ils sont accompagnés de chants.

Cinquante-cinquième Exercice.

LANCER ALTERNATIVEMENT LES BRAS EN AVANT
AVEC FLEXION
ET LES DESCENDRE SUR LES COTÉS SANS FLEXION.

Vitesse du métronome n° 100.

Commandements :

1° *Lancer alternativement les bras en avant avec flexion et les descendre sur les côtés sans flexion.*

2° *En commençant du bras droit.*

3° COMMENCEZ.

Au dernier avertissement, les élèves porteront le poi-

,gnet droit devant l'épaule droite en comptant *un;* puis elles lanceront le bras en avant, en comptant *deux;* elles porteront le bras tendu sur le côté en comptant *trois*, et le descendront près du corps, toujours tendu, en comptant *quatre*. Elles répéteront aussitôt le même exercice avec le bras gauche, en comptant *cinq, six, sept, huit;* puis encore avec le bras droit, en comptant *neuf, dix, onze, douze,* et ainsi de suite jusqu'à *trente-deux*. A *trente-deux*, le bras étant près du corps, elles cesseront les mouvements des bras. Elles placeront alors les mains sur les hanches, en comptant *un*, et elles exécuteront aussitôt le pas gymnastique sur place de 115 par minute, en commençant du pied gauche, et en comptant chaque fois que le pied pose à terre, jusqu'au nombre *trente-deux*.

Après *trente-deux*, on pose le pied qui est élevé sur le sol, en comptant *un*, puis on allonge les bras près du corps, en comptant *deux*. On exécute aussitôt le

Cinquante-sixième Exercice

qui est la répétition du précédent, en faisant agir les bras simultanément, et l'on commence à compter jusqu'à *trente-deux*, pour exécuter de nouveau le pas suivant la règle indiquée ci-dessus.

Après les trente-deux mouvements de jambes, et quand les bras sont replacés près du corps, on passe tout de suite au

Cinquante-septième Exercice

qui consiste, pour les deux premiers temps, à lancer le

bras droit en avant comme au 55ᵉ exercice ; et, pour le troisième temps, à porter le poignet droit au-dessus et près de la tête ; à l'étendre ensuite en l'air et vers la droite, jusqu'à ce que le bras soit placé allongé près du corps, en comptant *quatre*.

On répète immédiatement le même exercice avec le bras gauche, en continuant de compter *cinq, six, sept, huit*, et ainsi de suite jusqu'à *trente-deux*, et l'on recommence l'exercice des jambes suivant la règle observée dans les deux premiers exercices.

Après le trente-deuxième mouvement de jambe, on s'arrête et l'on fait descendre les bras près du corps, et l'on commence le

Cinquante-huitième Exercice

qui est la répétition du 57ᵐᵉ, en faisant agir les bras simultanément.

Ici se termine la série de ces quatre exercices.

Si le corps et la tête sont maintenus dans une bonne rectitude, pendant l'action des bras et des jambes, ces exercices sont profitables sous tous les rapports. Ils agissent aussi bien sur les organes de l'inspiration que sur ceux de l'expiration, et ils contribuent au perfectionnement de toutes les parties du corps, lorsqu'ils sont bien exécutés et qu'on les rythme avec le chant indiqué.

Je ne crains pas de le dire, cette série est composée d'exercices vraiment magnifiques et entraînants.

Cinquante-neuvième Exercice.

LANCER ALTERNATIVEMENT LES BRAS
AU-DESSUS DES ÉPAULES AVEC FLEXION ET LES DESCENDRE
SUR LES COTÉS SANS FLEXION, EN QUATRE TEMPS.

Vitesse du métronome n° 100.

Commandements :

1° *Lancer alternativement les bras au-dessus des épaules avec flexion et les descendre sur les côtés sans flexion, en quatre temps.*
2° *En commençant du bras droit.*
3° COMMENCEZ.

Au dernier avertissement, les élèves porteront le poignet droit devant l'épaule droite, en comptant *un*; puis elles lanceront vigoureusement le poignet en l'air au-dessus de l'épaule jusqu'à ce que le bras soit allongé, en comptant *deux*; elles étendront alors vivement le bras tendu vers leur droite, le poignet un peu tourné en supination, en l'arrêtant vigoureusement à la ligne horizontale, en comptant *trois*; elles le descendront ensuite près du corps, en comptant *quatre*. Elles répéteront aussitôt le même exercice avec le bras gauche et continueront en alternant jusqu'au commandement de *Cessez.*

Soixantième Exercice.

LANCER SIMULTANÉMENT LES BRAS AU-DESSUS DES ÉPAULES AVEC FLEXION ET LES DESCENDRE SUR LES CÔTÉS SANS FLEXION, EN QUATRE TEMPS.

Vitesse du métronome n° 100.

Commandements :

1° *Lancer simultanément les bras au-dessus des épaules avec flexion et les descendre sur les côtés sans flexion, en quatre temps.*

2° COMMENCEZ.

C'est la répétition de l'exercice précédent, en faisant agir les bras simultanément.

Soixante et unième Exercice.

LANCER ALTERNATIVEMENT LES EXTRÉMITÉS DU MÊME CÔTÉ EN AVANT, EN PIVOTANT SUR PLACE, EN TROIS TEMPS.

Commandements :

1° *Lancer alternativement les extrémités du même côté en avant, en pivotant sur place, en trois temps.*

2° *En commençant par les extrémités droites.*

3° COMMENCEZ.

Au dernier avertissement, les élèves porteront le poignet droit devant l'épaule droite, en retirant l'épaule gauche en arrière et en tournant un peu sur les talons de ce côté ; et, ne restant dans cette position que juste le temps de la marquer, elles lanceront le pied et le bras droits en avant, en comptant *un* ; puis, sans déranger la position du corps ni la jambe, elles replaceront le poignet devant l'épaule droite, en comptant *deux*; elles lanceront de nouveau le bras droit en avant, en comptant *trois;* aussitôt cette position prise, elles se redresseront sur la plante du pied droit, en plaçant le pied gauche contre le droit et en baissant le bras droit; elles pivoteront sur la plante du pied droit, en retirant l'épaule droite en arrière pour faire un demi-tour. Pendant que le demi-tour se fait, le poignet gauche se place devant l'épaule gauche et le pied gauche devant le bas de la jambe droite. Aussitôt que l'équilibre est établi sur la jambe droite, on lance, ainsi qu'on vient de le faire avec les extrémités droites, le pied et le bras gauches en avant, en comptant *un;* on replace le poignet gauche devant l'épaule gauche, en comptant *deux*, et on lance de nouveau le bras gauche en avant, en comptant *trois*.

Fig. 15.

Tout de suite après ce troisième temps, les élèves se redresseront sur la plante du pied gauche et pivoteront sur celle-ci, en retirant cette fois l'épaule gauche en arrière, et elles se replaceront, après avoir fait un demi-tour à gauche, de manière à lancer de nouveau les extrémités droites en avant. Cette position est représentée par la figure 15.

On continuera ensuite en alternant jusqu'au commandement de *Cessez*.

Quand on est parvenu à exécuter correctement cet exercice, il est très profitable à la bonne tenue. Pour qu'il soit bien fait, il est nécessaire de maintenir le corps effacé et droit sur les hanches pendant les trois mouvements des bras, la tête droite, les yeux fixés sur le poignet qui est en avant ; puis, après chaque demi-tour, il faut rester droit un court moment en équilibre sur la jambe du pied sur lequel on a tourné.

Soixante-deuxième Exercice.

LANCER SIMULTANÉMENT LES BRAS ET ALTERNATIVEMENT LES JAMBES EN AVANT, EN PIVOTANT SUR PLACE.

C'est la répétition de l'exercice précédent, en pivotant sur le pied qui est en avant et en retirant l'épaule qui est du côté de ce pied en arrière.

Soixante-troisième Exercice.

LANCER ALTERNATIVEMENT LES PIEDS EN AVANT, EN S'ÉLEVANT LE PLUS POSSIBLE SUR EUX, EN FAISANT AGIR LES BRAS EN DEMI-CIRCUMDUCTION, EN QUATRE TEMPS.

Vitesse du métronome n° 40.

Commandements :

1° *Lancer alternativement les pieds en avant, en s'élevant le plus possible sur eux, en faisant agir les bras en demi-circumduction, en quatre temps.*

2° *En commençant par les extrémités droites.*

3° COMMENCEZ.

Au dernier avertissement, les élèves porteront le poignet droit devant l'épaule droite en comptant *un;* puis elles lanceront le pied droit en avant, peu éloigné du pied gauche, ainsi que le bras droit en comptant *deux;* elles porteront aussitôt le corps en avant, en s'élevant le plus possible sur la plante du pied droit et en portant en même temps le poignet droit au-dessus et près de la tête, en comptant *trois;* elles élèveront ensuite le poignet, en lui faisant décrire le plus grand demi-cercle possible vers leur droite, et replaceront le pied droit près du gauche en même temps que le bras droit près du corps, en comptant *quatre.* Elles répéteront aussitôt le même exercice avec les extrémités gauches et continueront en alternant jusqu'au commandement de *Cessez.*

Soixante-quatrième Exercice.

LANCER ALTERNATIVEMENT LES PIEDS EN AVANT,
EN S'ÉLEVANT LE PLUS POSSIBLE
SUR EUX, EN FAISANT AGIR SIMULTANÉMENT LES BRAS
EN DEMI-CIRCUMDUCTION, EN QUATRE TEMPS.

Vitesse du métronome n° 40.

Commandements :

1° *Lancer alternativement les pieds en avant, en s'élevant le plus possible sur eux, en faisant agir simultanément les bras en demi-circumduction, en quatre temps.*
2° *En commençant à porter le pied gauche en avant.*
3° Partez.

C'est la répétition de l'exercice précédent, en faisant agir les bras simultanément.

Bien exécutés, ces deux exercices sont très gracieux et très favorables au développement de la poitrine; chaque fois qu'on s'élève sur la plante du pied, la poitrine doit être maintenue à sa position normale pendant l'action des bras.

Ils s'exécutent aussi en deux et trois temps, à volonté. Si on les exécute en deux temps, on lance le pied et le bras en comptant *un;* puis on replace le pied près de de l'autre en même temps que le bras près du corps, en comptant *deux*. S'ils sont exécutés en trois temps, on lance le pied et le bras en comptant *un;* on porte le poignet au-dessus de la tête, en comptant *deux*, et l'on replace le pied près de l'autre en même temps que le bras près du corps, en comptant *trois*.

Presque tous les exercices que je viens de décrire s'exécutent en avançant et en reculant, en faisant un mouvement alternatif ou simultané des bras, et en marquant un temps pour chaque pas.

D'autres fois, on les exécute en faisant deux ou trois mouvements de bras et un seul mouvement de jambe.

En voici un exemple :

Soixante-cinquième Exercice.

LANCER LES EXTRÉMITÉS DU MÊME COTÉ EN AVANÇANT, EN TROIS TEMPS.

Vitesse du métromone n° 100.

Commandements :

1° *Lancer les extrémités du même côté en avançant, en trois temps.*

2° *En commençant par les extrémités droites.*

3° Partez.

Au dernier avertissement, les élèves porteront le pied

droit peu éloigné en avant, en levant le pied gauche et portant le bras en avant comme le représente la figure 16, en comptant *un;* puis elles poseront le pied gauche sur le sol près du talon droit, en levant le pied droit devant la jambe gauche, en replaçant le poi-

Fig. 16.

gnet devant l'épaule droite, en comptant *deux* (voyez la figure 15); puis elles reprendront la position de la figure 16, en comptant *trois*. Aussitôt que cette position aura été marquée, elles porteront le bras et le pied gauches en avant, en recommençant à compter *un*, puis *deux*, en replaçant le poignet gauche devant l'épaule gauche et le pied gauche devant la jambe droite, en comptant *trois*, pour porter de nouveau le bras et le pied gauches en avant. Elles continueront de même en alternant toujours de côté jusqu'au commandement de *Cessez*.

Pour les pieds, c'est tout simplement le mouvement de polka ordinaire. Plus le corps est effacé chaque fois qu'on change de côté, plus il y a d'action dans les mouvements, surtout si les yeux sont dirigés vers le poignet qui est en avant et si le bras qui est en bas est bien tendu au-dessus de la cuisse, le poignet tourné en supination et à 10 ou 12 centimètres au-dessus de celle-ci.

Dans la vitesse indiquée, il ne faut pas oublier que tourner le corps pour changer de côté compte pour un temps, bien qu'on ne le compte pas avec la voix.

Je comprends le *saut simple en avant* dans la série des exercices libres, puisqu'il s'exécute sans le secours de machine.

Soixante-sixième Exercice.

SAUT DE PIED FERME EN AVANT, EN QUATRE TEMPS.

Commandements :

1° *Saut de pied ferme en avant, en quatre temps.*
2° *En position.*
3° Partez.

Au début, on ne fera exécuter ce saut que par une élève, afin de lui en faire bien comprendre les principes.

La première élève étant placée en avant des autres, au deuxième avertissement, elle réunira les pieds, en comptant *un*; à celui de *Partez*, elle portera avec vigueur les bras parallèlement et horizontalement en avant, en comptant *un ;* puis elle fléchira au jarret en portant les bras tendus en arrière, en comptant *deux* (voyez la figure 17). De cette position, elle lancera avec vigueur les bras en avant, en s'élevant le plus possible, par un effort combiné des pieds et des jambes, en comptant *trois ;* puis elle arrivera sur le sol en fléchissant au

Fig. 17,

jarret, en comptant *quatre* (voyez la figure 18) ; elle se redressera ensuite en plaçant les bras près du corps, et elle reprendra son rang pour faire place à la suivante.

L'exécution des sauts, en même temps qu'elle est l'exercice le plus difficile, est aussi celui qui est le plus utile ; en effet, quel que soit le sexe, si l'on ne connaît pas les règles du saut, il suffit de tomber maladroitement sur le sol, même de la hauteur d'un banc ordinaire, pour se faire un mal dont on se ressent quelquefois toute sa vie. Je m'étends un peu sur ce premier saut, parce que tous les autres sont soumis à la même règle, quand on arrive sur le col.

On recommande trop souvent encore aux élèves de

bien fléchir au jarret avant d'arriver sur le sol. C'est là une grave erreur ; car, si l'on est ramassé sur soi en touchant le sol, il n'y a plus de résistance possible pour adoucir la chute, et si l'on arrivait de cette façon d'un point un peu élevé, on se ferait grand mal, et par-

Fig. 18.

ticulièrement aux articulations des genoux. La seule règle à mettre en pratique, en arrivant sur le sol, est de ne fléchir qu'un peu aux jarrets, le haut du corps légèrement porté en avant, les bras tendus ou fléchis à la saignée, suivant qu'on termine un saut en largeur ou en profondeur.

Une autre erreur très préjudiciable à l'application du saut en profondeur, c'est de recommander pour ce saut de tenir les bras élevés verticalement au-dessus des épaules. Non seulement cette position des bras est très gênante, mais elle est encore susceptible de faire perdre l'équilibre en arrière quand on arrive sur le sol, ce qui n'est pas sans danger, surtout si l'on s'est lancé d'un peu haut.

Je conclus : après en avoir fait moi-même l'expérience et l'avoir conseillé à de nombreux élèves, le meilleur de tous les principes est de laisser aux élèves la liberté de leurs bras, excepté pour le saut de pied ferme en largeur. Pour ce qui est des jambes, on doit atteindre le sol sur la plante des pieds réunis, et fléchir progressivement au jarret, avec une résistance d'autant plus grande qu'on arrive de plus haut.

Il existe encore une infinité d'exercices très utiles, qui peuvent être exécutés sans instrument, tels que : *Se baisser en fléchissant aux jarrets, en faisant agir les bras, puis fléchir et redresser le corps sur une jambe placée en avant, etc., etc.*

Un professeur intelligent pourra toujours varier à l'infini les exercices libres d'une manière profitable à ses élèves, s'il sait s'arrêter à ceux qui ont pour but de perfectionner leur tenue physique.

SAUTS EN SE SERVANT DE MACHINES

SAUT EN PROFONDEUR SIMPLE.

Ce genre de saut ne devra d'abord être exécuté que de la hauteur d'un banc ordinaire, et, quand les élèves seront bien exercées, elles ne devront jamais se lancer d'une hauteur supérieure à un mètre au-dessus du sol.

Application.

La première élève se placera sur un banc ou tout

Fig. 19.

autre engin de cette hauteur, les pieds réunis, le bout

dépassant le bord d'un tiers de leur longueur ; puis elle se baissera en inclinant les bras tendus vers le sol (voyez la figure 19) ; aussitôt qu'elle sera arrivée à cette position, elle élèvera avec énergie les bras un peu en l'air, et en même temps elle fera un petit effort sur les pieds pour s'élever un peu et quitter le banc ; aussitôt que les pieds auront quitté le banc, elle étendra les jambes vers le sol, en s'éloignant le moins possible en avant, puis elle terminera le saut suivant les règles indiquées.

SAUT EN LARGEUR ET PROFONDEUR.

C'est la répétition du saut précédent, en se lançant le plus loin possible en avant.

Pour l'exécution de ce saut, on procèdera suivant les règles pour le *saut de pied ferme en largeur,* en combinant l'action de façon à rester en équilibre en terminant le saut sur le sol.

SAUT COMPLIQUÉ, OU EN LARGEUR, HAUTEUR ET PROFONDEUR.

On fait rarement exécuter ce genre de saut aux demoiselles ; mais, comme elles peuvent se trouver forcées de le mettre en pratique, il est prudent de leur en faire comprendre l'exécution. Je recommande de le faire exécuter sans augmenter les difficultés ; car, en arrivant sur le sol après avoir franchi l'obstacle, le corps prend toujours une position verticale qui rend la chute plus difficile à adoucir.

Application.

L'élève étant placée sur un banc comme pour l'exercice précédent, on tiendra devant elle, à une moyenne distance, une corde ou une baguette plus élevée que le banc sur lequel elle est placée. Elle procèdera comme elle vient de le faire pour le saut que nous avons décrit tout à l'heure, en forçant l'impulsion des bras et des jambes pour franchir l'obstacle placé devant elle.

SAUT EN LARGEUR, PRÉCÉDÉ D'UNE COURSE.

Ce genre de saut est généralement exécuté sur du sable ou sur un sol mouvant. Je recommande d'éviter d'agir ainsi et de choisir un espace plan quelconque; autrement, on fausse les règles de ce saut. Il est préférable de sauter moins loin et de ne mettre en pratique que ce qu'on est susceptible d'avoir à exécuter dans les circonstances ordinaires.

Application.

L'élève se placera à douze ou quinze pas d'un endroit déterminé, puis elle fera une course aussi rapide que possible jusqu'au point où elle doit prendre son élan. Arrivée à ce point, elle fera un effort sur le pied qui arrive le premier près du point marqué, et elle se lancera le plus possible en l'air et en largeur, en réunissant tout de suite les pieds. Elle arrivera ensuite sur le sol en observant les règles connues.

Observations.

Lorsque les élèves sautent sur un terrain mouvant, elles ne s'occupent que d'aller le plus loin possible, sans presque se rendre compte de ce qu'elles font, tandis que, sur un sol ordinaire, la difficulté de conserver l'équilibre en terminant le saut les force de s'occuper sérieusement de ce qu'elles font, et la tension des muscles en général est alors énergique et plus profitable au développement de leur force.

SAUT EN HAUTEUR, PRÉCÉDÉ D'UNE COURSE.

Pour ce genre de saut, on placera une corde à peu de

Fig. 20.

distance du sol sur des chevilles fixées à deux poteaux, ou tenue par deux élèves.

La corde étant posée, la première élève se placera à

douze ou quinze pas ; puis elle fera une course rapide. Lorsqu'elle sera arrivée à une petite distance de la corde, elle fera un effort sur le pied qui se trouve le plus près de celle-ci, et elle s'élèvera le plus possible presque verticalement au-dessus de la corde, en réunissant tout de suite les pieds et en levant aussi le plus possible les jambes et les cuisses, en protégeant cet élan par un mouvement énergique des bras (la figure 20 représente l'élève lorsqu'elle passe au-dessus de la corde) ; une fois la corde franchie, elle doit arriver sur le sol sans chercher à gagner de l'espace en largeur et terminer en arrivant sur la plante des pieds, le plus légèrement possible, se redresser et reprendre son rang.

Cet exercice est très difficile à bien exécuter. Pour réussir, il ne faudra jamais chercher à franchir une corde trop élevée, parce qu'un effort exagéré pour s'élever empêchera toujours d'arriver avec sûreté sur le sol, quand on a franchi une corde placée trop haut.

EXERCICE DE LA NATATION

[Voyez la construction d'un chevalet planche VI, n° 16.]

L'importance de la natation est tellement évidente et en général tellement appréciée pour les services qu'elle peut rendre, en cas de danger et pour le bien de la santé, qu'il est inutile de s'étendre sur son action bienfaisante.

Je vais donc me borner à la description du mouvement le plus naturel, afin qu'on puisse se familiariser avec lui avant de se mettre à l'eau. Les expériences faites sur les militaires de l'École normale de gymnastique et celles que j'ai pu faire avec des élèves de tout âge au lycée Louis-le-Grand, pendant trois années, ne laissent aucun doute sur l'efficacité de cette préparation à sec.

RÈGLE POUR NAGER EN GRENOUILLE.

La première élève s'étant placée en équilibre sur le chevalet, le professeur commandera :

1° EN POSITION.
2° *Un.*
3° *Deux.*
4° *Trois.*

Au commandement de *En position*, l'élève approchera

le plus possible les talons réunis près de la partie inférieure du corps en éloignant les genoux ; puis elle placera les mains jointes, les doigts réunis et dirigés en avant, la tête élevée. (Voyez cette position fig. 21.)

Au commandement de *un,* elle allongera vivement les bras en laissant les mains réunies, ainsi que les jambes, en éloignant les pieds (voyez la fig. 22); à celui de *deux,* elle rapprochera les jambes en les maintenant allongées et elle éloignera les mains, le bord du petit doigt un peu plus élevé que le pouce (voyez la figure 23); au commandement de *trois,* elle décrira sans se trop presser un quart de cercle avec chaque main, en maintenant les bras tendus jusqu'à ce qu'ils soient en croix (voyez la figure 24); puis, avec le plus de promptitude possible, elle ramènera

Fig. 21.

les talons et les mains à leur première position, en comptant *quatre.* Quand elle connaîtra ces quatre positions, elle les répétera plusieurs fois ; mais, après la première fois, elle ne comptera plus que *trois,* c'est-à-dire *un* pour prendre la position de la figure 22, *deux* pour prendre celle de la figure 23, et *trois* pour revenir à la figure 21.

Observations.

Ces mouvements mis en pratique dans l'eau doivent s'exécuter de la façon suivante : aussitôt que les bras sont allongés, les mains s'éloignent un peu, en même temps que les jambes sont réunies ; puis, pendant que les mains s'étendent sur les côtés, jusqu'à ce que les

Fig. 22.   Fig. 23.

bras soient en croix, les talons sont ramenés vigoureusement vers le corps, en même temps que les mains et les bras reprennent leur première position.

En résumé, les deux premiers mouvements de lancer les bras en avant et les jambes sur les côtés, puis de réunir les jambes en éloignant un peu les mains, se font le plus vigoureusement possible ; le mouvement qui consiste à étendre les bras en croix, en laissant un court moment les jambes allongées et réunies, se fait assez lentement, tandis que plier aux jarrets pour re-

Fig. 24.

passer par la première position se fait le plus lestement possible, et sans marquer de temps d'arrêt en repassant par la première position.

Avant de continuer la description des exercices, je dois faire observer qu'on appelle *machines* tous les engins fixés dans le sol ou contre un mur, et *instruments* tous objets qu'on peut déplacer à volonté.

EXERCICES DU XYLOFER

OU BARRE FERRÉE

[Voyez la construction planche IV, n° 7.]

J'ai apporté à cet instrument une modification qui en rend la pratique plus facile et rend le poids variable à volonté sans que le diamètre de la barre soit modifié. Je lui ai donné le nom de *xylofer* ou *barre ferrée Laisné*. Cet instrument consiste en une barre ronde de beau sapin. La longueur, pour les garçons, est de 1^m,40 et pour les filles de 1^m,30 ; le diamètre est de 0^m,029 ; une tringle de fer fixée à l'intérieur en augmente le poids à volonté. Il a été mis en application pour la première fois dans quelques écoles en 1873 ; puis, successivement, toutes les écoles de filles et garçons en ont été pourvues. Il a sur les barres à sphères cet énorme avantage qu'on peut en placer un très grand nombre dans un petit espace, ce qui n'a pas lieu pour les barres à sphères. Du reste, les exercices sont absolument les mêmes.

La grande variété des exercices et la régularité des mouvements font de cette barre un instrument vraiment précieux pour le développement de toutes les parties du corps et principalement de la poitrine.

Avant d'aborder la partie relative aux exercices en particulier, je dirai, une fois pour toutes, que les élèves seront placées de façon à ne pas risquer de se toucher avec les barres pendant l'action.

Quant à la barre, les élèves la tiennent dans la main droite, entre le pouce et l'index, la main à environ 0^m,30 de l'extrémité inférieure, le bras allongé, la barre dans une position verticale devant l'épaule droite.

Lorsqu'elles seront alignées, le professeur commandera :

    1° *Demi à droite* (ou *à gauche*).
    2° *Droite.*
    3° *Pour prendre la distance des barres.*
    4° *En position : un, deux.*
    5° *La droite fixe en cédant vers la gauche, prenez la distance des barres.*
    6° PARTEZ.

Après avoir exécuté le demi à droite, au commandement de *En position*, les élèves prendront la barre avec la main gauche tournée en pronation, à hauteur du menton au-dessus de l'épaule droite, en comptant *un*; aussitôt la barre saisie, elles la descendront devant et près du corps jusqu'à ce que le bras gauche soit allongé en comptant *deux*; à celui de *Partez*, la première qui est à la droite fera face en avant; puis les autres s'éloigneront vers la gauche, en s'arrêtant successivement en faisant face en avant et conservant une distance de quatre à cinq centimètres entre les extrémités des barres. Quand elles seront alignées, le professeur commandera *Bien*, pour faire replacer la tête à la position directe.

Pour faire remettre les barres à leur première position, le professeur commandera :

Portez vos barres : un, deux.

Au dernier mot *barres*, elles porteront la barre devant

l'épaule droite avec la main gauche en comptant *un*, puis elles replaceront le bras gauche près du corps, en comptant *deux*; ces deux mouvements seront toujours les mêmes une fois la distance prise. Pour porter la barre devant l'épaule droite, on commande : *Portez vos barres, un, deux*, et pour la replacer en bas horizontalement; *Pour les exercices, en position : un, deux*.

On doit aussi apprendre aux élèves à poser sur le sol et à porter les barres. Voici en quoi consistent ces deux exercices : les élèves tenant la barre devant l'épaule droite, lorsque le professeur voudra les faire poser sur le sol, il commandera :

Reposez vos barres, un, deux.

Au dernier mot *barres*, elles la saisiront vivement avec la main gauche, à hauteur de l'épaule droite, et elles la laisseront glisser dans la main droite en l'élevant légèrement en comptant *un*; aussitôt cette position marquée, elles passeront l'extrémité inférieure de la barre sur le sol et le bras gauche près du corps, en comptant *deux*. Ces deux mouvements s'exécutent lestement. Pour replacer la barre à sa première position, le professeur commandera :

Portez vos barres, un, deux.

Au dernier mot *barres*, elles l'élèveront vivement avec la main droite, cette dernière s'arrêtant près de l'aisselle et devant celle-ci; la main gauche saisira aussitôt la barre au-dessous de la main droite, en portant vivement cette dernière sur la barre, le bras presque allongé, en comptant *un*; puis elles replaceront vivement le bras gauche près du corps, en comptant *deux*. Comme on le voit, les trois premiers mouvements se font lestement, et ils ne comptent que pour le premier temps.

Deux autres exercices sont indispensables pour suivre un enseignement méthodique : le premier consiste à poser la barre à terre, lorsqu'on la tient horizontalement. Cet exercice se fait, lorsqu'on juge que les élèves ont besoin de se reposer, ou qu'on veut faire exécuter quelques exercices sans cette barre. Alors le professeur commande :

Barre terre, un, deux.

Au dernier mot *barre*, les élèves fléchissent aux jarrets en portant un peu le haut du corps en avant et elles posent la barre sur le sol en avant des pieds, en comptant *un ;* puis elles se relèvent, en comptant *deux.* Lorsque le professeur veut faire reprendre les barres, il commande :

Reprenez vos barres, un deux.

Au dernier mot *barres*, elles se baisseront de nouveau pour prendre la barre avec les deux mains, en comptant *un ;* puis elles se redresseront, en comptant *deux.* Ces deux mouvements, pour poser la barre à terre ou pour la relever, ne doivent pas être faits lestement, mais en marquant bien ensemble les temps d'arrêt.

Le second consiste à poser la barre à terre lorsque l'extrémité inférieure repose déjà sur le sol. Dans ce cas, le professeur commande :

Barres terre, un, deux.

Au dernier mot *terre*, les élèves portent le pied gauche assez loin en avant, et elles se baissent pour poser la barre sur le sol perpendiculairement au rang, en comptant *un*; puis elles se redressent en replaçant la jambe gauche près de la droite, en comptant *deux*. Pour faire reprendre les barres, le professeur commande :

Reprenez vos barres, un, deux.

Au mot de *barres*, elles portent de nouveau le pied gauche en avant, et elles se baissent pour saisir la barre avec la main droite, en comptant *un*; puis elles se redressent en replaçant la jambe gauche près de la droite, en comptant *deux*.

Voilà, dira-t-on, bien des explications et bien des détails à propos de quelques exercices qui paraissent peu importants; mais, outre qu'ils sont utiles, ils prennent très peu de temps chaque fois, et, exécutés avec ensemble, ils habituent les élèves à tout faire avec ordre et précision.

Premier Exercice.

FLEXION ET REDRESSEMENT DU CORPS SUR LA JAMBE GAUCHE EN TENANT LA BARRE A SON CENTRE AVEC LA MAIN GAUCHE.

Vitesse du métronome n° 60.

Commandements :

1° *Flexion et redressement du corps sur la jambe gauche.*
2° *La barre suivant ces mouvements, en quatre temps.*
3° *En position.*
4° COMMENCEZ.

Au commandement de *En position*, les élèves porteteront le pied gauche assez loin en avant, le corps

Fig. 25.

Fig. 26.

maintenu droit (voyez la figure 25); à celui de *Commencez*, elles fléchiront le corps en avant, en pliant au jarret gauche et en maintenant la jambe droite tendue, jusqu'à ce que la barre soit près du sol en avant du pied gauche, en comptant *un* (voyez la figure 26); aus-

Fig. 27.

sitôt que cette position sera marquée, elles redresseront le corps en portant la barre devant la poitrine à hauteur des épaules, en comptant *deux;* puis elles l'élèveront jusqu'à ce que le bras soit allongé, en renversant un peu le corps en arrière et en fixant le poignet, en comptant *trois* (voyez la figure 27); elles redescendront la barre devant la poitrine en comptant *quatre*, et elles répéteront le même exercice, suivant la vitesse indiquée au métronome, jusqu'au commandement de *Cessez*. Elles se redressent alors en laissant le bras allongé vers le sol, et en replaçant la jambe qui est en avant près de l'autre.

Pour que cet exercice soit profitable, il ne faut pas que le corps tourne du côté de la jambe qui est en arrière pendant la flexion en avant.

Deuxième Exercice.

FLEXION ET REDRESSEMENT DU CORPS
SUR LA JAMBE DROITE EN TENANT LA BARRE A SON CENTRE
AVEC LA MAIN DROITE.

Vitesse du métronome n° 60.

Commandements :

1° *Flexion et redressement du corps sur la jambe droite.*
2° *La barre suivant ses mouvements, en quatre temps.*
3° *En position.*
4° COMMENCEZ.

C'est la répétition de l'exercice précédent, avec la jambe droite en avant, jusqu'au commandement de *Cessez*.

Troisième Exercice.

FLEXION ET REDRESSEMENT DU CORPS
SUR LA JAMBE DROITE
EN TENANT LA BARRE A SON CENTRE AVEC LA MAIN GAUCHE.

Vitesse du métronome n° 60.

Commandements :

1° *Flexion et redressement du corps sur la jambe droite.*
2° *La barre suivant ses mouvements en la tenant de la main gauche, en quatre temps.*
3° *En position.*
4° COMMENCEZ.

C'est une autre répétition du premier exercice, en agissant avec les membres opposés, c'est-à-dire la jambe droite et le bras gauche.

Quatrième Exercice.

FLEXION ET REDRESSEMENT DU CORPS
SUR LA JAMBE GAUCHE
EN TENANT LA BARRE A SON CENTRE AVEC LA MAIN DROITE

Vitesse du métronome n° 60.

Commandements :

1° *Flexion et redressement du corps sur la jambe gauche.*
2° *La barre suivant ses mouvements en la tenant de la main droite, en quatre temps.*
3° *En position.*
4° COMMENCEZ.

C'est le même exercice que les précédents, en agissant avec les membres opposés, c'est-à-dire avec la jambe gauche et le bras droit.

Il y a cette seule différence : c'est que, exécutés avec les membres opposés, ces deux derniers exercices sont un peu plus difficiles que les deux premiers.

Cinquième Exercice.

PORTER ALTERNATIVEMENT LES BOUTS DE LA BARRE DERRIÈRE LES ÉPAULES.

Vitesse du métronome n° 60.

Les élèves étant placées et tenant la barre dans

Fig. 28.

la position de la figure 28, le professeur commandera :

1° *Porter alternativement les bouts de la barre derrière les épaules, en deux temps.*
2° *En commençant à lever la main droite pour porter la barre derrière l'épaule gauche, en deux temps.*
3° Commencez.

Au commandement de *Commencez*, les élèves élèveront la barre avec la main droite sans la porter en avant, jusqu'à ce qu'elle soit placée derrière l'épaule gauche, la main gauche restant à sa place en faisant un mouvement de supination, en comptant *un;* aussitôt que la position est marquée, la main droite ramène la barre à la position de la figure 28, en comptant *deux;* les élèves font la même chose avec la main gauche et continuent en alternant jusqu'au commandement de *Cessez.*

Dans les commencements, il sera sage de ne faire exécuter cet exercice que d'un même côté, c'est-à-dire en agissant toujours avec le même bras, jusqu'à ce qu'il soit bien compris; ensuite on le fera faire en alternant.

Sixième Exercice.

MOUVEMENT CONTINU AUTOUR DU CORPS,
EN QUATRE TEMPS.

Vitesse du métronome n° 60.

Les élèves étant dans la position de la figure 28, le professeur commandera :

1° *Mouvement continu autour du corps, en quatre temps.*
2° *En commençant avec la main droite.*
3° Commencez.

Au commandemement de *Commencez*, les élèves élèveront la barre avec la main droite, jusqu'à ce qu'elle soit derrière l'épaule gauche, en comptant *un* (voyez la figure 29); aussitôt cette position indiquée, elles des-

Fig. 29.   Fig. 30

cendront la barre horizontalement derrière le corps, comme le représente la figure 30, en comptant *deux*; puis elles lèveront à son tour la main gauche jusqu'à ce que la barre soit devant l'épaule droite, en comptant *trois*, et elles reprendront la position de la figure 28, en comptant *quatre*, pour continuer de la sorte jusqu'au commandement de *Cessez*.

Septième Exercice.

MOUVEMENT CONTINU AUTOUR DU CORPS, EN QUATRE TEMPS.

<small>Vitesse du métronome n° 60.</small>

Les élèves étant dans la position de la figure 28, le professeur commandera :

1° *Mouvement continu autour du corps, en quatre temps.*
2° *En commençant avec la main gauche.*
3° COMMENCEZ:

C'est la répétition de l'exercice qui précède, en levant toujours la main gauche pour commencer l'exercice.

Ces cinq exercices sont très favorables au développement de la poitrine. Pour qu'ils poduisent de bons résultats, il faut que le corps et la tête restent immobiles pendant les mouvements et surtout il faut se garder d'avancer la ceinture. Dans la figure 29, le haut du corps et la tête sont un peu penchés à droite; c'est une erreur du dessinateur. Ces parties doivent être maintenues droites.

BARRE. 89

Huitième Exercice.

GRAND CERCLE EN AVANT SUR LA JAMBE GAUCHE.

Vitesse du métronome n° 60.

Commandements :

1° *Grand cercle en avant sur la jambe gauche, en quatre temps.*
2° *En position.*
3° COMMENCEZ.

Fig. 31.

Au commandement de *En position*, les élèves,

tenant la barre comme à la position de la figure 28, les mains éloignées à environ deux fois la largeur des épaules, porteront le pied gauche en avant et assez éloigné du pied droit; à celui de *Commencez*, elles élè-

Fig. 32.

veront les avant-bras pour placer la barre devant la poitrine, à hauteur et le plus près possible des épaules, en comptant *un*; de là, elles élèveront le plus possible la barre en l'air, en redressant la jambe gauche et en portant le haut du corps en arrière, les yeux fixant la barre, en comptant *deux* (voyez la figure 31); abandonnant cette position, elles baisseront la barre en avant, en maintenant les bras tendus, et la porteront le plus loin possible, les bras marquant un temps d'arrêt à la ligne horizontale, en fléchissant sur la jambe gauche et en comptant *trois* (voyez la figure 32); puis elles se redresseront, en laissant descendre la barre près des cuisses, les bras maintenus allongés en comptant *quatre*. Les élèves continueront de même, en observant la vitesse indiquée, jusqu'au commandement de *Cessez*, après lequel elles replaceront près de l'autre la jambe qui est en avant.

Neuvième Exercice.

GRAND CERCLE EN ARRIÈRE SUR LA JAMBE DROITE.

Vitesse du métronome n° 60.

Commandements :

1° *Grand cercle en arrière sur la jambe droite, en quatre temps.*
2° *En position.*
3° COMMENCEZ.

Au commandement de *En position*, les élèves, étant à la position de la figure 28, porteront le pied droit assez éloigné du pied gauche placé en avant; à celui de *Commencez*, elles reprendront la position de la figure 32, en comptant *un*; puis celle de la figure 34, en comptant *deux*. Elles descendront alors la barre devant la poitrine, à hauteur des épaules, en comptant *trois*, et allongeront les bras vers le sol, en comptant *quatre*, la barre près des cuisses. Elles continueront ensuite de même, en observant la vitesse indiquée, jusqu'au commandement de *Cessez*, après lequel elles replaceront la jambe qui est en avant près de l'autre.

Ces deux exercices, bien faits, sont très énergiques, et leur action s'exerce sur toutes les parties du corps.

Dixième Exercice.

MOUVEMENT DE BIELLE, EN QUATRE TEMPS.

Vitesse du métronome n° 100.

Commandements :

1° *Mouvement de bielle, en quatre temps.*
2° *En commençant à pousser la barre avec la main droite.*
3° Commencez.

Au commandement de *Commencez*, les élèves, étant dans la position de la figure 28, pousseront la barre

Fig. 33.

avec la main droite vers leur gauche, en maintenant le bras gauche tendu, jusqu'à ce qu'elle soit arrivée à la hauteur des épaules, en comptant *un* (voyez figure 33) ; aussitôt que cette position aura été marquée, elles élèveront la barre au-dessus de la tête, en maintenant encore le bras gauche tendu en comptant *deux* (voyez

Fig. 34.

la figure 34) ; elles pousseront alors la barre avec la main gauche vers leur droite, en maintenant le bras droit tendu, jusqu'à ce qu'elle soit arrivée à hauteur des épaules, en comptant *trois*, puis elles la descendront devant le corps avec les deux mains, le bras droit maintenu tendu en comptant *quatre*. C'est revenir à la position de la figure 28.

Onzième Exercice.

MOUVEMENT DE BIELLE, EN QUATRE TEMPS

Vitesse du métronome n° 100.

Commandements :

1° *Mouvement de bielle, en quatre temps.*
2° *En commençant à pousser la barre avec la main gauche.*
3° COMMENCEZ.

C'est la répétition de l'exercice précédent, en commençant toujours par pousser la barre avec la main gauche.

Quoique simples en apparence, ces deux exercices ne sont pas faciles à bien exécuter. Je recommande de lire attentivement les observations qui suivent : Sans qu'on l'éloigne du corps, la barre doit conserver sa position horizontale dans tous les mouvements et évoluer dans un plan vertical parallèle à la face du corps.

Il y a dans la figure 33 une erreur qu'il importe de signaler : l'avant-bras droit est au-dessus de la barre pour commencer l'exercice. Il faut rectifier de cette façon : lorsqu'on pousse la barre, soit avec la main droite, soit avec la main gauche, l'avant-bras doit rester sous la barre, et, lorsqu'on la redescend, l'avant-bras droit ou gauche est au-dessus d'elle, ainsi que le représente la figure 33.

BARRE.

Douzième Exercice.

FLEXION ET REDRESSEMENT DU CORPS SUR LA JAMBE GAUCHE, LA BARRE SUIVANT SES MOUVEMENTS.

Vitesse du métronome n° 60.

Commandements :

1° *Flexion et redressement du corps sur la jambe gauche, la barre suivant ses mouvements, en quatre temps.*
2° *En position.*
3° COMMENCEZ.

Au commandement de *En position*, les élèves, étant dans la position de la figure 28, porteront vigoureusement le pied gauche en avant et assez éloigné du

Fig. 35.

pied droit; à celui de *Commencez*, elles baisseront le corps en avant jusqu'à ce que la barre soit près du sol, les bras allongés, en fléchissant au jarret gauche, la jambe droite tendue, en comptant *un* (voyez la figure 35). Cette position étant marquée, elles se redresseront, en portant la barre devant la poitrine, à la hauteur des épaules, en comptant *deux;* puis elles élèveront la barre, en allongeant les bras jusqu'à ce qu'ils soient tendus, en tendant la jambe gauche et en portant un

Fig. 36.

peu le haut du corps en arrière et en fixant la barre, en comptant *trois* (voyez la figure 36); elles redescendront alors la barre devant la poitrine à la hauteur des épaules en comptant *quatre*, et elles continueront le même exercice, en observant la vitesse indiquée, jusqu'au commandement de *Cessez*, après lequel elles replaceront la jambe qui est en avant près de l'autre et les bras allongés vers le sol.

Treizième Exercice.

FLEXION ET REDRESSEMENT DU CORPS SUR LA JAMBE DROITE,
LA BARRE SUIVANT SES MOUVEMENTS.

Vitesse du métronome n° 60.

Commandements :

1° *Flexion et redressement du corps sur la jambe droite, la barre suivant ses mouvements.*
2° *En position.*
3° COMMENCEZ.

C'est la répétition de l'exercice précédent, la jambe droite étant portée en avant.

Pour que ces deux exercices soient bien exécutés et d'une façon salutaire, il est essentiel que la partie inférieure du corps ne tourne d'aucun côté pendant sa flexion et son redressement.

Quatorzième Exercice.

FLEXION DU CORPS VERS LA DROITE ET VERS LA GAUCHE,
LA BARRE SUIVANT SES MOUVEMENTS.

Vitesse du métronome n° 40.

Commandements :

1° *Flexion du corps vers la droite et vers la gauche, la barre suivant ses mouvements, en quatre temps.*
2° *En position.*
3° *En commençant vers la gauche.*
4° COMMENCEZ.

Au commandement de *En position*, les élèves étant

dans la position de la figure 28 élèveront la barre comme le représente la figure 37 ; à celui de *Commencez*, elles inclineront le corps vers leur gauche sans le

Fig. 37.

tourner, et elles descendront la barre comme le représente la figure 38, en comptant *un*. Elles ramèneront alors la barre à la position de la figure 37, en comptant *deux*, puis elles inclineront le corps vers leur droite, comme elles viennent de le faire à gauche, en comptant *trois* ; ensuite elles ramèneront de nouveau la barre à sa première position, en redressant le corps et en comptant *quatre*, et elles continueront de même, en observant la vitesse indiquée, jusqu'au commandement de *Cessez*, après lequel elles reprendront la position de la figure 28.

Fig. 38.

Il est bon de faire observer que les pieds ne doivent pas se déranger, et que la tête doit suivre les mouvements du corps.

Pour cet exercice, on éloignera un peu les pieds, comme le montre la figure 37, ou bien on les maintiendra réunis, comme le représente la figure 38, suivant le commandement du professeur.

Quinzième Exercice.

DOUBLE CERCLE EN AVANT, LE CENTRE DE LA BARRE A LA HAUTEUR DU VISAGE.

Vitesse du métronome n° 60.

Commandements :

1° *Double cercle en avant, la main droite en l'air, en quatre temps.*
2° *En position.*
3° *En commençant en avant*
4° Commencez.

Fig. 39.

Au commandement de *En position*, les élèves élèveront la main droite en l'air, comme le représente la figure 39 ; à celui de *Commencez*, elles retireront la main gauche en arrière, en même temps que la droite descendra en avant, en comptant *un* et en arrêtant la

Fig. 40.

barre horizontalement (voyez la figure 40). Après qu'un temps d'arrêt aura été marqué, la main droite descend près du corps pendant que la gauche est dirigée en l'air, en comptant *deux* ; de là, la main gauche est portée à son tour en avant, pendant que la droite va en arrière, en comptant *trois* lorsque la barre arrive de nouveau à la ligne horizontale ; la barre est ensuite replacée à la première position, en comptant *quatre*. On continuera de même, en observant la vitesse indiquée, jusqu'au commandement de *cessez*, après lequel, les élèves reprendront la position de la figure 28.

Seizième Exercice.

DOUBLE CERCLE EN ARRIÈRE,
LE CENTRE DE LA BARRE A LA HAUTEUR DU VISAGE.

Vitesse du métronome n° 60.

Commandements :

1° *Double cercle en arrière, la main droite en l'air, en quatre temps.*
2° *En position.*
3° *En commençant en arrière.*
3° Commencez.

C'est la répétition de l'exercice précédent, en portant toujours la main droite et la main gauche en arrière au premier et au troisième temps. Exécuté de cette façon, cet exercice est un peu plus difficile que le quinzième.

Ces deux exercices ont une grande action sur tous les muscles de la poitrine. Les élèves doivent, pendant leur exécution, apporter toute leur attention, afin de ne pas avancer la ceinture, ni porter le haut du corps en arrière. Le plus difficile consiste à maintenir constamment la barre devant et près du menton, pendant tous les mouvements. Comme on peut le voir, le corps tourne sur les hanches pour faciliter le mouvement de la main en arrière, c'est-à-dire que l'épaule qui est du côté de la main qui va en arrière est elle-même portée de ce côté. En résumé, les élèves doivent diriger la barre suivant un plan vertical et perpendiculaire à la face du corps avant qu'il bouge.

Dix-septième Exercice.

GRANDS MOUVEMENTS DE PENDULE VERS LA DROITE ET VERS LA GAUCHE.

Commandements :

1° *Mouvements de pendule vers la droite et vers la gauche.*
2° *En position.*
3° *En commençant du côté gauche.*
4° COMMENCEZ.

Au commandement de *En position*, les élèves étant à la position de la figure 28 éloigneront les pieds à environ 0^m,25 ; à celui de *Commencez*, elles pousseront la barre avec la main droite vers leur gauche, en la faisant monter d'abord sur le côté, puis en portant la main gauche en arrière jusqu'à ce que la barre soit arrivée à la ligne horizontale, en tournant le corps à gauche, et en s'élevant sur la plante des pieds, lesquels se conforment au mouvement du corps. Elles marquent alors un temps d'arrêt, en comptant *un*, *deux*, *trois*, en observant la vitesse n° 60 du métronome (voyez la figure 41). Aussitôt que le troisième temps sera compté, elles descendront la barre par un mouvement assez doux, en la faisant passer par la position de la figure 28, et, sans s'y arrêter, elles la remonteront vers la droite, jusqu'à ce que la barre soit de nouveau placée horizontalement au-dessus de la tête, en recommençant à compter *un*, *deux*, *trois*. Les élèves répéteront ensuite le même mouvement vers leur gauche et continueront de la même manière jusqu'au commandement de *Cessez*; après lequel elles reprendront la position de la figure 28.

Cet exercice est très gracieux, mais il est assez dif-

Fig. 41.

ficile à bien exécuter. Il y a deux erreurs à rectifier dans la position de la figure 41 : 1° les élèves doivent s'élever le plus possible sur la plante des deux pieds; 2° le ventre est trop porté en avant.

Pour que cet exercice soit bien exécuté, il est essentiel que la barre soit maintenue pendant ses mouvements dans un plan vertical et parallèle à la face du corps avant qu'il bouge.

Dix-huitième Exercice.

ÉLEVER LA BARRE VERTICALEMENT VERS LA DROITE
ET VERS LA GAUCHE.

Commandements :

1° *Élever la barre verticalement vers la droite et vers la gauche.*
2° *En position.*
3° *En commençant du côté gauche.*
4° Commencez.

Au commandement de *En position*, les élèves, étant placées comme le représente la figure 28, éloigneront les pieds à environ 0^m,25 ; à celui de *Commencez*, elles pousseront la barre avec la main droite, en la faisant monter verticalement vers leur gauche, jusqu'à ce que le bras droit soit aussi allongé que possible, la main gauche glissant le long de la barre jusqu'à ce qu'elle soit près de la main droite ; elles s'élèveront en même temps sur la plante des pieds, en tournant le corps vers la gauche, les yeux fixés vers le bout de la barre, qui est en l'air (voyez la figure 42). Afin de bien marquer cette pose, les élèves compteront encore *un, deux, trois*. Après le troisième temps, elles descendront la barre en la faisant glisser dans la main gauche, pour repasser sans s'y arrêter à la position de la figure 28 ; puis elles repousseront la barre avec la main gauche et la feront monter verticalement vers leur droite, comme elles viennent de le faire pour le côté gauche, en comptant de nouveau *un, deux, trois*. Elles continueront de même jusqu'au commandement de *Cessez*, après lequel elles se replaceront à la position de la figure 28.

Les mêmes rectifications que nous avons indiquées

Fig. 42.

pour l'exercice précédent doivent être faites pour celui-ci, c'est-à-dire qu'il faut s'élever le plus possible sur la plante des pieds et ne pas avancer le ventre.

Cet exercice, fort gracieux, est encore plus difficile à exécuter que l'exercice dix-septième. Bien fait, il a une action générale sur toutes les parties du corps.

Dix-neuvième Exercice.

INCLINER FORTEMENT LE CORPS A DROITE ET A GAUCHE, LA BARRE SUIVANT SON MOUVEMENT.

Commandements :

1° *Incliner fortement le corps à droite et à gauche la barre suivant son mouvement, en quatre temps.*
2° *En position.*
3° *En commençant du côté gauche.*
4° COMMENCEZ.

Au commandement de *En position*, les élèves, étant à la position de la figure 28, éloigneront les pieds assez loin l'un de l'autre (figure 43) ; à celui de *Commencez*, elles inclineront le corps vers leur gauche, en le tournant le moins possible, jusqu'à ce que l'extrémité inférieure de la barre touche le sol (figure 44), celle-ci étant verticalement tenue, en comptant *un ;* après un temps d'arrêt, elles se redresseront pour revenir à la position de la figure 43, en comptant *deux*. Elles répéteront ensuite le même mouvement vers leur droite, en comptant *trois*, pour revenir encore à la position de la figure 43, en comptant *quatre*, et elles continueront de même jusqu'au commandement de *Cessez*, après lequel elles reprendront la position de la figure 28.

Cet exercice ne devra être commandé qu'aux élèves

déjà bien exercées à l'aide de manœuvres plus faciles. Il est bon de faire observer : que le bras qui descend du côté où penche le corps reste allongé, pendant que celui

Fig. 43.

qui est au-dessus fléchit à la saignée. En outre, cet exercice doit être exécuté assez lentement.

Je termine ici les exercices avec élève seule étant debout, bien qu'on puisse les varier à l'infini, soit en se baissant les pieds réunis, en portant la barre en avant les bras tendus, en deux ou quatre temps ; soit en levant la barre en l'air et en fléchissant aux jarrets, soit enfin en lançant une jambe et la barre en avant, en lançant la barre en avant et une jambe en arrière, etc.

Un professeur intelligent saura tirer parti des ressources que lui présente son art; il variera ces exer-

Fig. 44.

cices de façon à intéresser ses élèves, qui en tireront un grand profit aussi bien pour leur tenue que pour leur santé.

Vingtième Exercice.

Les élèves étant allongées dans la position du décubitus dorsal, c'est-à-dire étendues sur le dos, et tenant la barre comme le montre la figure 45, le professeur commandera :

1° *Porter la barre au-dessus de la tête, les bras allongés, en deux temps.*

2° COMMENCEZ.

Au commandement de *Commencez*, les élèves élèveront les bras tendus et la barre au-dessus d'elles, et, sans l'arrêter, elles continueront de la porter au-dessus

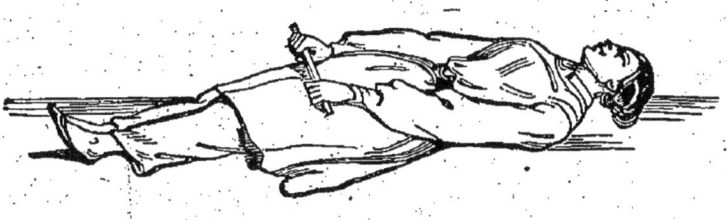

Fig. 45.

de la tête jusqu'à ce qu'elle touche le sol, en comptant *un* (voyez la figure 46); puis elles ramèneront la barre

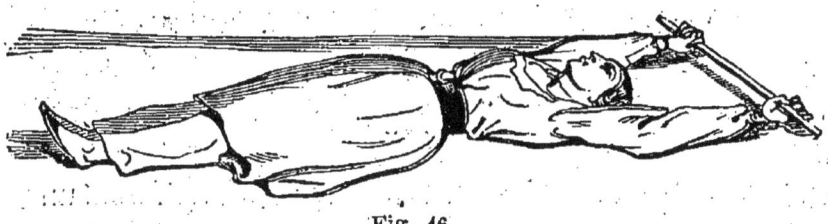

Fig. 46.

à sa première position, en comptant *deux*, et elles continueront de la sorte jusqu'au commandement de *cessez*, après lequel elles se relèveront, si elles se trouvent fatiguées de cette position, ou bien elles resteront dans la position indiquée par la figure 45, pour exécuter un autre exercice.

Vingt et unième Exercice.

ÉTANT DANS LA MÊME POSITION,
ÉLEVER ET BAISSER LA BARRE AU-DESSUS DE LA POITRINE
EN DEUX TEMPS.

Les élèves étant à la position de la figure 45, le professeur commandera :

1° *Élever et abaisser la barre au-dessus de la poitrine, en deux temps.*
2° *En position.*
3° COMMENCEZ.

Au commandement de *En position*, les élèves porteront les coudes à la hauteur des épaules, en étendant les bras sur le sol, les avant-bras placés verticalement

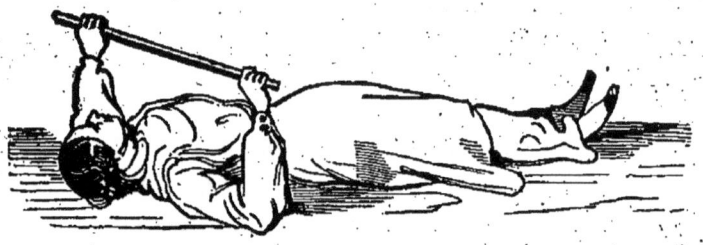

Fig. 47.

(voyez la figure 47); à celui de *Commencez*, elles élèveront la barre, les bras allongés dans la position verticale, en comptant *un* (voyez la figure 48); aussitôt que cette position aura été marquée, elles redescendront la barre à sa première position en comptant *deux*, et continueront de même jusqu'au commandement de

Cessez, après lequel elles se relèveront ou reprendront la pose de la figure 45.

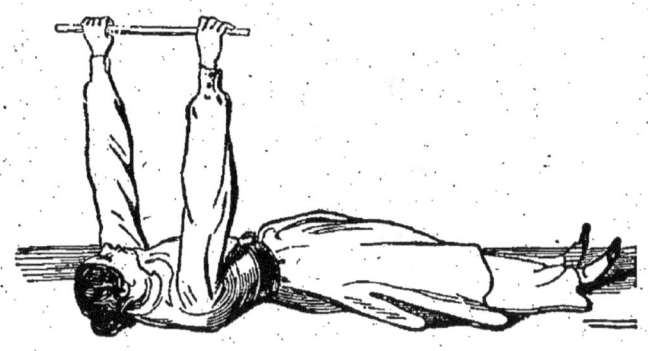

Fig. 48.

Vingt-deuxième Exercice.

DÉCRIRE UN DEMI-CERCLE AVEC LA BARRE, EN DEUX TEMPS.

Les élèves étant dans la position de la figure 45, le professeur commandera :

1° *Décrire un demi-cercle avec la barre, en deux temps.*
2° COMMENCEZ.

Au commandement de *Commencez*, les élèves élèveront la barre, les bras restant allongés, et elles continueront le mouvement jusqu'à ce qu'elle soit arrivée à la position de la figure 46, en comptant *un*; puis, laissant les jambes et les cuisses étendues sur le sol, elles élèveront de nouveau la barre, en même temps que le corps, en la portant le plus possible en avant, en comptant *deux* (voyez la figure 49); elles reposeront ensuite le corps sur le sol, en même temps qu'elles porteront la barre au-dessus de la tête, en recommençant à compter *un*, et elles continueront de la même manière jusqu'au commandement de *Cessez*, après lequel elles se relèveront.

Ces exercices doivent être exécutés, assez lentement.

Fig. 49.

Ils trouvent surtout une application utile dans des cas particuliers. Nous recommandons vivement au professeur de veiller à ceci: il est essentiel que les élèves évitent de creuser les reins, en exécutant ces manœuvres.

On peut encore faire avec cette barre une série assez étendue d'exercices, dans lesquels l'élève reste, en cas de besoin, convenablement assise.

Avant de passer aux exercices exécutés simultanément par deux élèves, je vais indiquer comment elles devront prendre leur position. Lorsqu'elles auront pris la distance des barres, le professeur commandera:

1° *Portez vos barres, un, deux* (mouvements connus).

2° *Les numéros impairs par un à gauche, gauche.*

3° *Les numéros pairs par un à droite, droite.*
4° *Pour les exercices à deux.*
5° *En position.*
6° Bien.

Après que le deuxième et le troisième mouvement ont été exécutés, au commandement de *En position*, les élèves se trouvant face à face, sans déranger la main droite, inclineront la barre en avant, chacune la saisissant avec la main gauche tournée en pronation, le bras gauche allongé, en arrêtant la barre lorsqu'elle est inclinée à 45 degrés environ, en comptant *un*, puis elles descendront le bras gauche allongé près du corps, en comptant *deux*. Ces deux mouvements ayant été bien faits, au commandement de *Bien*, elles placeront le bord des mains du côté du petit doigt, vers les extrémités des barres, et, pour se placer à une distance convenable, elles s'avanceront ou reculeront de façon que les poignets soient sur la partie centrale et latérale des cuisses.

Après les exercices, lorsque le professeur voudra faire reprendre les barres par chaque élève, il commandera :

1° *Pour reprendre vos barres ;*
2° *Reprenez vos : barres, un, deux.*

Au premier avertissement, les élèves avanceront la main droite sur la barre à environ 0^m,30, de son extrémité ; à celui de *Reprenez vos barres*, elles élèveront les barres avec la main gauche, jusqu'à ce qu'elles soient inclinées à 45 degrés environ, la main droite ne bougeant pas, en comptant *un ;* puis, cette position ayant été marquée, elles pousseront les barres avec la main gauche en les lâchant subitement, et, par un petit effort de la main droite, elles se trouveront en position du port ordinaire de la barre.

Ces deux exercices, consistant à mettre la barre en position et à la reprendre, sont exactement les mêmes pour tous exercices à deux.

Afin de ne pas répéter continuellement ces mêmes commandements, on supposera toujours que les barres sont placées de la manière prescrite pour exécuter les exercices auxquels on va procéder.

Vingt-troisième Exercice.

ÉLEVER ALTERNATIVEMENT LES BARRES AU-DESSUS DES ÉPAULES, LES BRAS TENDUS, EN QUATRE TEMPS.

Vitesse du métronome n° 80.

Commandements :

1° *Élever alternativement les barres au-dessus des épaules, les bras tendus, en quatre temps.*
2° *En commençant du côté...* (le désigner).
3° Commencez.

Au commandement de *Commencez*, les élèves élèveront les barres vigoureusement sur le côté désigné, en marquant un temps d'arrêt, les bras étant horizontaux, en comptant *un*; puis elles les élèveront au-dessus des épaules, les bras verticalement placés en comptant *deux*; elles reprendront la première position en comptant *trois*, et elles replaceront la barre près des cuisses en comptant *quatre*. Elles répéteront les mêmes mouvements du côté opposé et continueront ainsi, en observant la vitesse indiquée, jusqu'au commandement de *Cessez*.

Vingt-quatrième Exercice.

ÉLEVER SIMULTANÉMENT LES BARRES AU-DESSUS
DES ÉPAULES, LES BRAS TENDUS, EN QUATRE TEMPS.

Vitesse du métronome n° 80.

Commandements :

1° *Élever simultanément les barres au-dessus des épaules, les bras tendus, en quatre temps.*
2° COMMENCEZ.

Les élèves répéteront l'exercice précédent, en faisant manœuvrer les barres simultanément, jusqu'au commandement de *Cessez.*

Vingt-cinquième Exercice.

ÉLEVER ALTERNATIVEMENT LES BARRES
AU-DESSUS DES ÉPAULES, EN FLÉCHISSANT A LA SAIGNÉE,
EN QUATRE TEMPS.

Vitesse du métronome n° 80.

Commandements :

1° *Élever alternativement les barres au-dessus des épaules, en fléchissant à la saignée, en quatre temps.*
2° *En commençant du côté...* (le désigner).
3° COMMENCEZ.

Au commandement de *Commencez*, les élèves élèveront les barres en portant les avant-bras sur les bras, les coudes restant contre le corps, en comptant *un;* puis, elles porteront les barres au-dessus des épaules,

les bras allongés, en comptant *deux*; elles les ramèneront à leur première position, en comptant *trois*, et les replaceront près des cuisses, en comptant *quatre*. Elles recommenceront les mêmes mouvements du côté opposé et continueront ainsi jusqu'au commandement de *Cessez*, en observant la vitesse indiquée.

Vingt-sixième Exercice.

ÉLEVER SIMULTANÉMENT LES BARRES
AU-DESSUS DES ÉPAULES, EN FLÉCHISSANT A LA SAIGNÉE
EN QUATRE TEMPS.

Vitesse du métronome n° 80.

Commandements :

1° *Élever simultanément les barres au-dessus des épaules, en fléchissant à la saignée, en quatre temps.*
2° COMMENCEZ.

C'est la répétition de l'exercice précédent, en faisant aller les barres simultanément, jusqu'au commandement de *Cessez*.

Vingt-septième Exercice.

MOUVEMENT DE BIELLE D'UN SEUL CÔTÉ, LES BRAS TENDUS, EN QUATRE TEMPS.

Vitesse du métronome n° 80.

Commandements :

1° *Mouvement de bielle d'un seul côté, les bras tendus, en quatre temps.*
2° *Les numéros pairs, le pied gauche en avant ; les numéros impairs, le pied droit en avant.*
3° *En position.*
4° *Les numéros pairs commençant à pousser la barre avec la main droite.*
5° Commencez.

Au commandement de *En position*, les élèves porteront vivement les pieds désignés un peu en avant ; à celui de *Commencez*, les numéros pairs pousseront la barre avec la main droite, les numéros impairs cédant à ce mouvement en arrière jusqu'à ce que les barres soient à la hauteur des épaules, en comptant *un ;* puis elles élèveront les barres en l'air, les bras toujours allongés, en comptant *deux* (voyez la figure 50) ; de cette position, les numéros impairs pousseront les barres vers les numéros pairs jusqu'à ce que celles-ci soient à la hauteur des épaules, en comptant *trois ;* puis elles les descendront vers le sol, toujours les bras allongés, en comptant *quatre*. Elles continueront ensuite de la même manière, en observant la vitesse indiquée, jusqu'au commandement de *Cessez*, après lequel elles replaceront la jambe qui est en avant près de celle qui est restée en place.

Fig. 50.

Vingt-huitième Exercice.

MOUVEMENT DE BIELLE D'UN SEUL CÔTÉ, LES BRAS TENDUS, EN QUATRE TEMPS.

Vitesse du métronome n° 80.

Commandements :

1° *Mouvement de bielle d'un seul côté, les bras étendus, en quatre temps.*
2° *Les pieds opposés en avant.*

3° *En position.*
4° *Numéros impairs commençant à pousser la barre avec la main droite.*
5° COMMENCEZ.

Au dernier avertissement les élèves répéteront l'exercice précédent, les numéros impairs commençant à pousser la barre avec la main droite, et continueront les mouvements jusqu'au commandement de *Cessez*.

Vingt-neuvième Exercice.

DOUBLE MOUVEMENT DE CIRCUMDUCTION, EN DEUX TEMPS.

Commandements :

1° *Double mouvement de circumduction, en deux temps.*
2° *En position.*
3° *Les numéros pairs commençant à pousser les barres avec les deux mains.*
4° COMMENCEZ.

Au commandement de *En position*, les élèves porteront le pied gauche un peu en avant; à celui de *Commencez*, les numéros pairs pousseront les barres en arrière des numéros impairs, qui céderont à cette impulsion autant qu'elles pourront le faire, les bras restant tendus; puis toutes les deux continueront d'élever les barres, en comptant *un*, en passant par la position de la figure 51. A leur tour, les numéros pairs céderont aux mouvements des bras en arrière, en comptant *deux*, lorsque les barres continueront leurs mouvements vers le sol; puis toutes deux continueront de la même manière jusqu'au commandement de

Cessez, après lequel elles replaceront la jambe qui est en avant près de l'autre.

Cet exercice ne doit pas se faire avec précipitation. Bien exécuté, il a une grande action sur toute la partie thoracique.

Fig. 51.

Trentième Exercice.

DOUBLE MOUVEMENT DE CIRCUMDUCTION, EN DEUX TEMPS.

Commandements :

1° *Double mouvement de circumduction, en deux temps.*

2° *En position.*
3° *Les numéros impairs commençant à pousser la barre avec les deux mains.*
4° Commencez.

Au commandement de *En position*, les élèves porteront le pied droit peu éloigné en avant; à celui de *Commencez*, elles répéteront l'exercice précédent, les numéros impairs commençant à pousser les barres, pour continuer en comptant *un* et *deux*, jusqu'au commandement de *Cessez*.

Ces deux exercices s'exécutent également en maintenant les pieds réunis.

Trente et unième Exercice.

DOUBLE MOUVEMENT DE BIELLE, EN DEUX TEMPS.

Commandements :

1° *Double mouvememt de bielle, en deux temps.*
2° *Les numéros impairs le pied droit en avant.*
3° *Les numéros pairs le pied gauche en avant.*
4° *En position.*
5° Commencez.

Au commandement de *En position*, les élèves porteront les pieds peu éloignés en avant; à celui de *Commencez*, elles pousseront toutes les deux les barres avec les mains droites, en maintenant autant que possible les bras allongés, jusqu'à ce qu'elles soient à la position de la figure 52, en comptant *un*. Quand elles auront passé par cette position, elles continueront les mouvements jusqu'à ce que les barres y reviennent du côté opposé, en comptant *deux;* puis elles manœuvreront de la même manière jusqu'au commandement de *Cessez,* après lequel elles replaceront la jambe qui est en avant près de l'autre, et les barres en bas, les bras allongés.

Fig. 52.

Cet exercice s'exécute en plaçant les pieds opposés en avant et en commençant à pousser les barres avec les mains gauches. Il s'exécute encore mieux en quatre temps, les pieds restant réunis. Dans ce dernier cas, au premier temps, les deux barres sont arrêtées à hauteur des épaules, en comptant *un;* puis en l'air, les bras allongés, en comptant *deux;* elles sont ensuite redescendues à la hauteur des épaules, en comptant *trois,* puis en bas, en comptant *quatre.*

124 GYMNASTIQUE DES DEMOISELLES.

Trente-deuxième Exercice.

MOUVEMENT VERTICAL ET ALTERNATIF DES BARRES, EN FAISANT CHAQUE FOIS UN DEMI-TOUR.

Les élèves tenant les barres en bas et se faisant face, le professeur commandera :

1° *Élever alternativement les barres en faisant demi-tour, en trois temps.*
2° *En position.*
3° Commencez.

Fig. 53.

Au commandement de *En position*, les élèves feront

face du même côté, en tenant les barres, l'une devant elles, et l'autre derrière; à celui de *Commencez*, elles élèveront la barre qui est devant jusqu'au-dessus de leurs têtes, les bras tendus, en comptant *un* (voyez la figure 53); puis elles replaceront la barre en comptant *deux;* après qu'un temps d'arrêt aura été marqué, elles feront un demi-tour : celle qui tourne en dedans vers la gauche pivotera sur le talon droit; celle qui tourne en dedans vers la droite pivotera sur le talon gauche, toutes deux ensemble, en comptant *trois*. Ce mouvement achevé, la barre qui était devant se trouve derrière. Elles répètent aussitôt le même exercice du côté opposé, et continuent de même jusqu'au commandement de *Cessez*, après lequel elles se replacent en se faisant face, les barres en bas.

Trente-troisième Exercice.

MOUVEMENT DES BARRES CROISÉES, EN TOURNANT SUR PLACE.

Les élèves se faisant face et tenant les barres en bas, le professeur commandera :

1° *Mouvement continu, les barres croisées.*
2° *Croisez les barres.*
3° *En commençant...* (désigner le côté).
4° COMMENCEZ.

Au commandement de *Croisez les barres*, les élèves passeront la barre de gauche dans la main droite, et celle de droite dans la main gauche; les barres étant ainsi placées, au commandement de *Commencez*, elles élèveront les barres du côté indiqué, les bras tendus, jusqu'à ce que celles-ci passent au-dessus de leur

Fig. 54.

tête, en se tournant le dos et en comptant *un* (voyez la figure 54); puis elles continueront en descendant les barres du côté opposé, jusqu'à ce que celles-ci soient arrivées entre elles vers le sol, en comptant *deux*. En passant par cette position (voyez la figure 55), elles recommenceront à élever la barre comme la première fois, et continueront de même, sans aller trop vite, jusqu'au commandement de *Cessez*.

Aussitôt qu'un temps d'arrêt aura été marqué, le professeur commandera :

Même exercice, en commençant du côté opposé.
COMMENCEZ.

Fig. 55.

Il est bon de faire observer que, de quelque côté que l'on se tourne, c'est toujours sur le même pied qu'on pivote, l'autre pied ne faisant que toucher successivement le sol autour du premier pour faciliter le mouvement.

Cet exercice donne beaucoup de mouvement au corps et il habitue les élèves à tourner des deux côtés. C'est tout simplement un mouvement de valse sur place, en tournant sur un seul pied.

EXERCICES DES HALTÈRES

[Voir leur forme, planche VI, n° 15.]

Les haltères remontent à une date très ancienne: les Grecs et les Romains en ont fait grand usage, surtout pour former les athlètes. Les haltères des anciens étaient formées de deux cônes tronqués, réunis par leur petit bout. Chez nous, ceux que l'on trouve dans le commerce sont composés de deux boulets réunis par une petite tige en fer, et leur poids varie de 500 grammes à 100 kilogrammes. Ces dernièrs, on le conçoit, sont rarement levés, et, quand ils le sont, ce n'est que par des personnes qui se sont adonnées spécialement à ce genre d'exercice.

Depuis la première édition de cet ouvrage, j'ai modifié sensiblement la forme de cet instrument : aux boulets, j'ai substitué deux rondelles assez épaisses, réunies par une poignée très commode à la main, et lorsqu'on peut en faire la dépense, pour les demoiselles surtout, cette poignée est en bois de frêne et vernie ; cette forme permet de placer ces instruments debout sur des tablettes, ce qui a un grand avantage quand l'espace dont on dispose est restreint. A l'École normale des institutrices, toutes les poignées d'haltère sont en bois, et dans toutes les écoles communales de filles et de garçons, ils ont la même forme; mais les poignées et les rondelles sont d'une seule pièce, en fonte.

Pour que les élèves puissent prendre des haltères d'un poids convenable en vue des exercices, il faut qu'il leur soit possible de les tenir, les bras tendus sur les côtés, sans faire d'effort.

Je vais décrire quelques exercices avec cet instrument; presque tous les exercices libres peuvent être exécutés en tenant un haltère dans chaque main.

Premier Exercice.

LANCER ALTERNATIVEMENT LES EXTRÉMITÉS DU MÊME COTÉ EN AVANT, EN FAISANT CHAQUE FOIS UN DEMI-TOUR.

Commandements :

1° *Lancer alternativement les extrémités du même côté, en avant, en faisant chaque fois un demi-tour.*
2° *En commençant par les extrémités droites.*
3° COMMENCEZ.

Au commandement de *Commencez*, les élèves porteront l'haltère droit devant l'épaule droite, en retirant l'épaule gauche en arrière et en tournant un peu sur les talons de ce côté; puis, sans rester à cette position plus de temps qu'il ne faut pour la marquer, elles lanceront le pied et l'haltère droit en avant, en comptant *un* (voyez la figure 56); aussitôt que cette position aura été bien indiquée, elles feront une retraite de corps en arrière, en redressant la jambe droite et en ramenant l'haltère devant l'épaule droite, en comptant *deux* (voyez la figure 57); puis elles lanceront de nouveau l'haltère en avant, comme le représente la figure 56, en comptant *trois*. A partir de ce moment, elles se redresseront sur la plante du pied droit, en plaçant le pied gauche

Fig. 56.

contre lui, en descendant l'haltère près du corps; elles pivoteront aussitôt sur la plante du pied droit, en retirant l'épaule droite en arrière pour faire un demi-tour. Pendant ce demi-tour, l'haltère gauche est placé devant l'épaule gauche et le pied gauche près de la jambe droite (voyez la figure 58). Aussitôt que l'équilibre sera établi sur la jambe droite, elles lanceront de nouveau l'haltère et le pied gauche en avant, en répétant ce qu'elles viennent de faire du côté droit, et elles continueront de même, en alternant toujours de côté. Il est urgent de remarquer qu'on tourne toujours sur le pied porté en avant, en retirant en arrière le bras porté en avant. Lorsqu'on est arrivé à l'exécuter convenablement, cet exercice est très profitable pour faire acquérir une bonne tenue.

Fig. 57.   Fig. 58.

Deuxième Exercice.

LANCER SIMULTANÉMENT LES HALTÈRES
ET ALTERNATIVEMENT LES JAMBES EN AVANT.

Commandements :

1° *Lancer simultanément les haltères et alternativement les jambes en avant, en quatre temps.*

2° *En commençant par la jambe droite.*

3° COMMENCEZ.

Au dernier avertissement, les élèves élèveront les

haltères en les plaçant devant et le plus près possible des épaules, en comptant *un* (voyez la figure 59); de cette position, elles lanceront les haltères et le pied droit en avant, en fléchissant un peu au jarret, les bras

Fig. 59.

horizontalement placés, en comptant *deux* (voir la figure 60); aussitôt que cette position sera prise, elles feront une retraite de corps en arrière, en se redressant sur la jambe droite et en replaçant les haltères devant les épaules, en comptant *trois* (voir la figure 60); puis, sans rester à cette position, elles renverseront les haltères de haut en bas en levant les coudes et elles les descendront vers le sol un peu en arrière du corps, la tête haute, la poitrine effacée, en comptant *quatre* (voir la

HALTÈRES.

Fig. 60.

Fig. 61.

Fig. 62.

figure 62). Elles répéteront ensuite le même exercice en portant, cette fois, la jambe gauche en avant, et continueront de la même manière jusqu'au commandement de *Cessez*.

Il est utile de faire observer qu'au dernier mouvement le pied qui est en arrière se rapproche un peu de l'autre, et que, pour recommencer l'exercice, le pied qui est en avant se place près de celui qui est en arrière, en même temps que les haltères sont replacés devant les épaules au premier temps, comme le montre la figure 59.

Troisième Exercice.

LANCER SIMULTANÉMENT LES EXTRÉMITÉS
DES CÔTÉS OPPOSÉS EN AVANT.

Commandements :

1° *Lancer simultanément les extrémités des côtés opposés en avant.*
2° *En commençant de la jambe gauche et du bras droit, en quatre temps.*
3° COMMENCEZ.

Au dernier avertissement, les élèves placeront l'haltère droit devant l'épaule droite, en comptant *un* (figure 63); elles porteront ensuite le pied gauche et l'haltère droit en avant, en comptant *deux* (voyez la figure 64); puis elles replaceront avec une certaine énergie les extrémités à leur première position, en comptant *trois*, et descendront l'haltère près du corps, en comptant *quatre*. Elles répéteront aussitôt le même exercice avec les extrémités opposées et continueront jusqu'au com

HALTÈRES.

Fig. 63.

Fig. 64.

mandement de *Cessez*, après lequel elles se redresseront en prenant la position normale du corps.

Pendant l'exécution des exercices avec ces instruments, le professeur veillera attentivement à ce que les différentes positions soient prises de façon à profiter à la tenue, ainsi qu'au développement régulier de toutes les parties du corps.

EXERCICES

DES POIGNÉES A SPHÈRES MOBILES

[Voir leur forme, planche IV, n° 5.]

A l'époque où les exercices gymnastiques ont été introduits dans les hôpitaux, grâce à mon initiative, c'est-à-dire en 1847, j'ai fait pendant quelque temps usage de massues ; mais le nom et la forme de cet engin m'ont donné beaucoup à réfléchir, et j'ai compris qu'il était nécessaire de le modifier pour les filles et les femmes. Après bien des recherches, j'ai trouvé ces poignées à sphères mobiles, auxquelles, circonstance assez exceptionnelle, je n'ai rien changé depuis qu'elles ont été créées.

Les exercices avec ces instruments ne sont pas profitables seulement au développement si nécessaire de la partie thoracique ; ils sont, en outre, très gracieux. Une seule cause entrave la vulgarisation de leur usage : c'est la persévérance qu'il faut avoir si l'on veut apprendre à s'en servir ; avec la disposition que les élèves manifestent trop généralement en gymnastique pour repousser tout ce qui ne se plie immédiatement à leur fragile volonté, il est difficile de leur en enseigner les règles. Je déclare, à mon grand regret, que l'École normale des institutrices est la seule où l'on puisse admirer ces charmants et précieux exercices, exécutés avec ensemble.

Règle générale, pour l'exécution des exercices, les élèves seront placées de façon qu'elles ne puissent se toucher. Une fois rangées, elles auront une paire de poignées placées sur le sol et devant elles, à une petite distance des pieds.

Premier Exercice.

MOUVEMENT CONTINU AUTOUR DU CORPS, EN COMMENÇANT EN AVANT AVEC LA MAIN DROITE.

Commandements :

1° *Mouvement continu autour du corps, en commençant en avant avec la main droite.*
2° *Prenez les poignées en deux temps.*
3° *En commençant en avant avec la main droite.*
4° COMMENCEZ.

Au deuxième avertissement, les élèves se baisseront, et elles prendront les poignées en comptant *un*; elles se redresseront aussitôt en maintenant les bras allongés près du corps, en comptant *deux* (voyez la figure 65). Au commandement de *Commencez*, elles éloigneront un peu la sphère vers leur droite, pour la ramener en avant, comme la représente la figure 66, et, sans s'arrêter à cette position, elles continueront de faire monter la sphère vers leur gauche, jusqu'à ce que l'avant-bras soit au-dessus de la tête ; cette dernière et le haut du corps légèrement penchés vers la gauche, le poignet peu éloigné de la tête, que l'on tiendra inclinée sans la tourner (voyez figure 67). Cette position rapidement marquée, elles continueront de descendre la sphère devant le dos, en renversant le poignet en arrière et en

Fig. 65.   Fig. 66.

baissant le bras, comme le représente la figure 68. De là, elles laisseront descendre la sphère en ne tenant plus la poignée qu'entre le pouce et l'index, pour faciliter sa descente, sans provoquer aucune secousse, jusqu'à ce que celle-ci repasse par la position de la figure 66.

Elles continueront les mêmes mouvements jusqu'au commandement de *Cessez*.

Afin de régler les mouvements avec ensemble, les

élèves comptent *un*, lorsque l'avant-bras passe au-dessus de la tête, et *deux*, lorsque la sphère passe devant elles en bas.

Fig. 67.   Fig. 68.

Deuxième Exercice.

MOUVEMENT CONTINU AUTOUR DU CORPS, EN COMMENÇANT EN AVANT AVEC LA MAIN GAUCHE.

Commandements :

1° *Mouvement continu autour du corps en avant.*
2° *En commençant avec la main gauche.*
3° COMMENCEZ.

C'est la répétition de l'exercice précédent en agissant avec la main gauche.

Ces deux exercices, bien qu'ils paraissent peu compliqués, sont difficiles à bien exécuter. Une fois qu'on a commencé, il ne doit y avoir aucune interruption dans la marche de la sphère et ses mouvements doivent se faire avec une égale vitesse, c'est-à-dire qu'il ne faut pas lancer la sphère pour la diriger vers le dos ; les poignets ne doivent jamais monter plus haut que la tête, afin de donner plus d'action aux mouvements, sans quoi on risquerait de se cogner la tête, soit avec la poignée, soit avec la sphère. Pour bien faire comprendre la façon dont la sphère doit être dirigée, j'ajouterai qu'il faut qu'elle suive un cercle régulier, décrit obliquement de gauche à droite, lorsque l'exercice est commencé avec la main droite, et, de droite à gauche, lorsqu'il est commencé avec la main gauche.

Troisième Exercice.

MOUVEMENT CONTINU AUTOUR DU CORPS, EN COMMENÇANT EN ARRIÈRE AVEC LA MAIN DROITE.

Commandements :

1° *Mouvement continu autour du corps en arrière.*
2° *En commençant avec la main droite, en deux temps.*
3° COMMENCEZ.

C'est la répétition du premier exercice, en commençant à porter la sphère un peu à gauche et en avant du corps, pour la diriger ensuite en arrière vers la droite et continuer les mouvements en dirigeant toujours la sphère en arrière vers la droite lorsqu'elle est revenue en bas en avant ; en un mot, c'est le même exercice que le premier, en faisant agir la sphère en sens inverse. Seulement, il est plus difficile.

Quatrième Exercice.

MOUVEMENT CONTINU AUTOUR DU CORPS, EN COMMENÇANT EN ARRIÈRE AVEC LA MAIN GAUCHE.

Commandements :

1° *Mouvement continu autour du corps en arrière.*
2° *En commençant avec la main gauche.*
3° COMMENCEZ.

C'est une autre répétition de l'exercice précédent, en manœuvrant avec la main gauche.

Cinquième Exercice.

MOUVEMENTS ALTERNATIFS DES SPHÈRES AUTOUR DU CORPS, EN COMMENÇANT EN AVANT AVEC LA SPHÈRE DROITE.

Commandements :

1° *Mouvements alternatifs des sphères autour du corps, en commençant en avant avec la sphère droite.*
2° *En commençant en avant avec la sphère droite, en deux temps.*
3° COMMENCEZ.

Au commandement de *Commencez,* les élèves répéteront exactement les deux premiers exercices, en faisant agir les deux sphères en même temps ; c'est-à-dire que, lorsque l'avant-bras droit passe au-dessus de la tête (voyez la figure 69), on commence le mouvement avec la sphère gauche, et, dès que la sphère droite passe devant

Fig. 69.

le dos, la sphère gauche est levée devant, ainsi que le montre la figure 70. A son tour la sphère gauche passe devant le dos lorsque la sphère droite passe en bas comme l'a fait la sphère gauche. Aussitôt que les mouvements sont commencés, on compte *un*, lorsque l'avant-bras droit passe par-dessus la tête, et *deux*, lorsque l'avant-bras gauche passe de même.

La plus grande difficulté à vaincre pour bien exécuter cet exercice consiste à ne pas lancer les sphères afin de les faire monter, et à ne pas les arrêter un seul instant une fois qu'elles sont en mouvement ; en effet,

Fig. 70.

un temps d'arrêt d'une sphère, aussi court qu'il soit, arrête immédiatement tous les mouvements.

Cet exercice est gracieux et très profitable au développement de la partie thoracique.

Sixième Exercice.

MOUVEMENTS ALTERNATIFS DES SPHÈRES
AUTOUR DU CORPS,
EN COMMENÇANT EN ARRIÈRE AVEC LA SPHÈRE DROITE.

Commandements :

1° *Mouvements alternatifs des sphères autour du corps.*
2° *En commençant en arrière avec la sphère droite, en deux temps.*
3° COMMENCEZ.

C'est encore la répétition du deuxième et du troisième exercice, en faisant aller les sphères en arrière. Il est seulement plus difficile.

Septième Exercice.

MOUVEMENTS SIMULTANÉS ET CONTINUS DES SPHÈRES
AUTOUR DU CORPS, EN COMMENÇANT EN AVANT.

Commandements :

1° *Mouvements simultanés et continus des sphères autour du corps.*
2° *En commençant en avant, en deux temps.*
3° COMMENCEZ.

Au commandement de *Commencez,* les élèves dirigeront les sphères en avant, une par-dessus l'autre, comme le représente la figure 71 ; puis, elles continueront de les faire monter vers la droite et vers la gauche jusqu'à ce que les poignets se croisent derrière la tête (figure 72), pour les descendre, sans marquer de temps d'arrêt, jusqu'à ce qu'elles repassent par la position de la figure 71. On compte *un*, lorsque les sphères se croisent en bas, et *deux*, lorsqu'elles se croisent derrière

Fig. 71.   Fig. 72.

la tête. — En résumé, cet exercice consiste à diriger les sphères simultanément, ainsi qu'on l'a fait au premier et au deuxième exercice alternativement. Pour protéger les mouvements, le haut du corps se penche un peu en avant et en arrière. Lorsque les poignets se croisent en haut et en bas, il est bon d'observer que, quel que soit le poignet qui passe par-dessus, l'autre en bas passe par-dessous, lorsqu'ils se croisent derrière la tête.

Quand cet exercice est commencé, on ne doit marquer aucun temps d'arrêt, si ce n'est au commandement de *Cessez*. Il a une grande action sur le développement de la partie thoracique.

Huitième Exercice.

MOUVEMENTS SIMULTANÉS DES SPHÈRES AUTOUR DU CORPS, EN COMMENÇANT EN ARRIÈRE.

Commandements :

1° *Mouvements simultanés des sphères autour du corps.*
2° *En commençant en arrière.*
3° COMMENCEZ.

C'est la répétition de l'exercice précédent, en faisant agir les sphères en sens inverse, c'est-à-dire qu'on répétera le troisième et le quatrième exercice, en manœuvrant avec les sphères simultanément.

Neuvième Exercice.

JET DE LA SPHÈRE DROITE EN AVANT.

Commandements :

1° *Jet de la sphère droite en avant, en trois temps.*
2° *En position.*
3° COMMENCEZ.

Au commandement de *En position*, les élèves, tenant les poignées les bras allongés, dirigeront un peu les sphères en arrière, pour les élever ensuite en avant et en l'air, en comptant *un*; aussitôt les sphères en l'air, les poignets un peu plus haut que les épaules, elles descendront ceux-ci de chaque côté du corps, en comptant *deux*, lorsque les sphères arrivent sur les bases des poignets (voir cette position figure 73) ; au commande-

Fig. 73.   Fig. 74.

ment de *Commencez*, elles retireront l'épaule droite en arrière, en plaçant la poignée horizontalement (voyez la figure 74), et elles ne resteront à cette position que juste le temps de la marquer ; elles lanceront alors la sphère en avant, en maintenant la poignée dans sa position horizontale et en avançant un peu l'épaule en avant, en comptant *un* (voyez la figure 75). Aussitôt que la sphère sera arrivée sur la base, elles élèveront le poignet en le tournant le plus possible en supination et en

POIGNÉES A SPHÈRES MOBILES. 149

portant le coude vers le centre du corps. Pendant ces deux mouvements, la sphère est dirigée suivant un cercle de bas en arrière et en haut, en l'arrêtant un

Fig. 75. Fig. 76.

très court moment à la position de la figure 76, puis en descendant le poignet en même temps que la sphère à leur première position, en comptant *trois*.

Elles continueront de la même manière jusqu'au commandement de *Cessez*, après lequel elles reposeront les sphères sur le sol devant elles.

Dixième Exercice.

JET DE LA SPHÈRE GAUCHE EN AVANT, EN TROIS TEMPS.

Commandements :

1° *Jet de la sphère gauche en avant, en trois temps.*
2° *En position.*
3° Commencez.

Au commandement de *En position*, les élèves placeront les sphères comme le représente la figure 73 ; à celui de *Commencez,* elles répéteront tout ce qui vient d'être exécuté avec la sphère droite, jusqu'au commandement de *Cessez.*

Onzième Exercice.

JET ALTERNATIF DES SPHÈRES EN AVANT, EN TROIS TEMPS.

Commandements :

1° *Jet alternatif des sphères en avant, en trois temps.*
2° *En position.*
3° *En commençant avec la sphère droite.*
4° Commencez.

Au commandement de *En position*, les élèves placeront les sphères comme le montre la figure 73 ; à celui de *Commencez,* elles répéteront le huitième exercice, et aussitôt que la sphère sera revenue à sa première position, elles répéteront le neuvième exercice avec la sphère gauche, pour recommencer avec la sphère

POIGNÉES A SPHÈRES MOBILES. 151

droite, et elles continueront ainsi en alternant, jusqu'au commandement de *Cessez*, après lequel elles poseront les sphères devant elles sur le sol pour prendre un moment de repos.

Douzième Exercice.

JET SIMULTANÉ DES SPHÈRES EN AVANT, EN TROIS TEMPS

Commandements :

1° *Jet simultané des sphères en avant, en trois temps.*
2° *En position.*
3° Commencez.

Au commandement de *En position*, les élèves placeront les sphères à la position de la figure 73 ; à celui de *Commencez*, elles répéteront exactement le huitième et le neuvième exercice, en faisant évoluer les sphères simultanément, jusqu'au commandement de *Cessez*.

Treizième Exercice.

JET DE LA SPHÈRE DROITE VERS LA DROITE,
EN QUATRE TEMPS.

Commandements :

1° *Jet de la sphère droite vers la droite, en quatre temps.*
2° *En position.*
3° Commencez.

Au deuxième avertissement, les élèves porteront les sphères à la position de la figure 73 ; à celui de *Com-*

mencez, elles placeront la poignée horizontalement, et, sans s'arrêter à cette position, elles la lanceront vers leur droite en suivant une ligne horizontale et en comptant *un* (voyez la figure 77); aussitôt que cette position aura été marquée, elles laisseront descendre la sphère

Fig. 77.

vers le sol, le bras allongé; puis elles la dirigeront vers leur gauche, en la faisant monter de ce côté jusqu'à ce que la poignée soit arrivée à la ligne verticale, la sphère en l'air, le poignet droit devant et un peu plus haut que l'épaule gauche, en comptant *deux*; puis, sans s'arrêter à cette position, le poignet continuant son mouvement jusqu'à ce qu'il soit arrivé à la position de la figure 76, elles feront décrire un cercle entier à la sphère, en la faisant descendre vers leur droite, en tournant le poignet en supination et le coude en avant, jusqu'à ce que celle-ci soit revenue à la position de la figure 76, en comptant *trois*, lorsque la sphère retombe sur la base de la poignée. Elles replaceront alors le poignet à la position de la figure 73, en comptant *quatre*, et continueront de la même manière jusqu'au commandement de *Cessez*.

Quatorzième Exercice.

JET DE LA SPHÈRE GAUCHE VERS LA GAUCHE, EN QUATRE TEMPS.

Commandements :

1º *Jet de la sphère gauche vers la gauche, en quatre temps.*
2º *En position.*
3º Commencez.

Au deuxième avertissement, les élèves placeront les sphères à la position indiquée par la figure 73 ; à celui de *Commencez*, elles répéteront exactement avec la sphère gauche ce qu'elles viennent de faire avec la droite, jusqu'au commandement de *Cessez*.

Quinzième Exercice.

JET SIMULTANÉ DES SPHÈRES A DROITE ET A GAUCHE, EN QUATRE TEMPS.

Commandements :

1º *Jet simultané des sphères à droite et à gauche.*
2º *En position.*
3º Commencez.

Au deuxième avertissement, les élèves prendront la

position de la figure 73 ; à celui de *Commencez*, elles lanceront ensemble les sphères vers la droite et vers la gauche, comme elles viennent de le faire alternativement

Fig. 78.

pour les deux exercices précédents, en passant le poignet droit vers la droite et le poignet gauche vers la gauche pour décroiser les sphères et terminer les mouvements sur les côtés, ainsi qu'elles l'ont fait en alternant (voyez la figure 78).

Ces trois exercices sont très gracieux, quoique un peu difficiles à exécuter.

Je vais essayer de faire comprendre de quelle façon les sphères doivent être dirigées :

Que les sphères décrivent leurs mouvements devant le corps, en commençant, ou derrière, en terminant, il faut, autant que possible, qu'elles soient dirigées dans un plan vertical et parallèle à la face du corps pour commencer, et dans un plan vertical et parallèle au dos pour terminer.

On peut encore exécuter un grand nombre d'exercices avec ces instruments ; ceux que j'ai décrits ci-dessus suffisent pour faire comprendre combien il serait facile de les varier dans le cas où des personnes persévérantes désireraient s'y adonner sérieusement.

EXERCICES DE LA MASSUE PERSANE

[Voir leur forme, planche IV, n° 6.]

Cet instrument, dont les Persans font un fréquent usage depuis des temps immémoriaux, est excellent pour exercer toutes les parties du corps. On ne devra jamais prendre des massues d'un poids exagéré, et, avant de s'en servir, il est indispensable de se préparer au maniement de cet engin par des exercices plus faciles.

Premier Exercice.

MOUVEMENTS CONTINUS AUTOUR DU CORPS, EN COMMENÇANT VERS LA GAUCHE.

Commandements :

1° *Mouvements continus autour du corps.*
2° *En commençant vers la gauche.*
3° COMMENCEZ.

Pour cet exercice, les élèves prendront la massue par la poignée, la main gauche sous la main droite, en portant le pied gauche un peu en avant (voyez la figure 79); au commandement de *Commencez*, elles élèveront la massue vers leur gauche, en penchant un peu le corps de ce côté (voyez la figure 80); puis elles continueront de la faire tourner autour du corps, sans aucun temps d'arrêt et sans aller trop vite, en penchant un peu le corps vers la droite et vers la gauche, en avant et en

Fig. 79.   Fig. 80.

arrière, chaque fois que la massue passe devant une de ces parties. On ne commande pas *Cessez* pour cet exercice. Dès que les élèves se sentent un peu fatiguées, elles posent la massue à terre sans commandement.

Deuxième Exercice.

MOUVEMENTS CONTINUS AUTOUR DU CORPS, EN COMMENÇANT VERS LA DROITE.

Commandements :

1° *Mouvements continus autour du corps.*
2° *En commençant vers la droite.*
3° COMMENCEZ.

C'est la répétition exacte du premier exercice, en commençant à diriger la massue vers la droite.

EXERCICE DU JOUG

[Voir la façon de l'établir planche IV, n° 8.]

Cet instrument peut être employé avantageusement dans plusieurs cas, surtout pour corriger de légères

Fig. 81.

déviations et aussi une mauvaise tenue, contractée par négligence. La position représentée par les figures 81 et 82 me dispense d'entrer dans de longs détails.

La manière de faire usage de cette sorte de joug est très simple : on place l'instrument sur les épaules, et on fixe à l'extrémité de chaque chaîne un poids de pesanteur égale qui arrive à une très petite distance du sol, afin que l'élève ne puisse se baisser d'aucun

Fig. 82.

côté. Les mains sont placées sur les chaînes afin d'empêcher le balancement des poids pendant la marche (figure 81). Il est facile de voir que la moindre inégalité dans le maintien vertical du corps fera immédiatement traîner l'un des poids sur le sol, et, pour éviter ce faux mouvement, l'élève se trouvera obligée de se tenir dans une position régulière aussi longtemps qu'elle marchera avec cet instrument posé sur ses épaules.

Une autre façon de placer les mains est encore employée avec succès pour porter les épaules en arrière et dilater la poitrine : c'est de faire placer les mains des élèves sur les poignées du joug, comme le montre la figure 82. Je crois qu'il est inutile d'insister davantage sur l'utilité de cet instrument.

EXERCICES DU TIR A L'ARC

[Voir l'établissement d'un tir horizontal et vertical, pl. VI, nos 12 et 13.]

Je place l'exercice du tir à l'arc parmi les exercices utiles, parce que sa pratique exige des règles sévères. La pose que les élèves sont forcées de prendre est des plus gracieuses, en même temps qu'elle fortifie la poitrine ; c'est pourquoi je n'ai pas hésité à le ranger parmi les exercices favorables au développement du corps, et j'ajouterai de l'intelligence. En outre, il amuse beaucoup les élèves, surtout les demoiselles, lesquelles sont, hélas ! par suite de nos mœurs et aussi par la nature, si mal partagées en fait de récréations attrayantes.

On objectera peut-être que ce jeu n'est pas praticable dans les salons ; je répondrai qu'il est bien rare que l'on ne puisse disposer, à la ville, d'un emplacement convenable pour l'établir ; car, dans la plupart des maisons, il existe des corridors, des cours, etc. A la campagne, il n'y a pas la moindre difficulté.

PRINCIPES ET RÈGLES A SUIVRE

1º Il faut se servir d'arcs très doux ; trop de raideur dans le bois nuirait à la grâce du tir et empêcherait d'ajuster la flèche convenablement, à cause de l'effort qu'on aurait à faire. En outre, l'extrémité des doigts qui tendent la corde ne tarderait pas à s'endolorir (voyez l'arc, pl. V, n° 10).

2° Il faut prendre garde de se placer en avant de l'élève qui tire, quand bien même ce serait sur le côté, parce que la flèche peut faire parfois ce que l'on appelle

Fig. 83.

corde; alors elle file presque à angle droit sur les côtés.

3° Pour tirer sans risquer de se faire mal, on place un morceau de cuir assez fort sur l'avant-bras gauche, afin que la corde ne vienne pas le fouetter; en outre, on a soin de garantir les deux doigts par deux doigtiers en peau, afin d'éviter l'impression de la corde sur leur extrémité.

Avant de tirer, il faut savoir *bander l'arc*. Voici de quelle manière l'on doit s'y prendre : on saisit l'arc par le milieu avec la main droite; on porte le pied gauche un peu éloigné du pied droit vers la gauche; on fixe l'extrémité inférieure de l'arc au défaut ou creux du pied droit, et l'on pose la paume de la main gauche sur

Fig. 84.

l'extrémité supérieure, les doigts restant libres, l'index et le médium sur l'extrémité de la corde; ensuite, on tire fortement avec la main droite la poignée de l'arc en arrière, en appuyant avec la paume de la main gauche sur l'extrémité supérieure pour faire plier l'arc, et l'on conduit la corde dans l'encoche avec les doigts (voyez la figure 84). L'arc étant bandé, l'élève se placera à environ 20 mètres du tir; elle prendra l'arc à la poignée avec la main gauche, en le plaçant presque horizontalement, le bras gauche un peu plié, la corde vers le corps ; elle portera le pied gauche en avant et près du pied droit, en retirant l'épaule droite en arrière ; puis elle prendra une flèche par son extrémité empennée, c'est-à-dire garnie de plumes ; ensuite, avec le pouce

Fig. 85.

et l'index seulement, elle glissera la flèche sur l'arc, tenu de la main gauche (voyez la figure 85) ; elle fixera alors le petit enfourchement sur la corde, et elle placera les dernières phalanges des deux premiers doigts sur la corde, en maintenant légèrement le bout de la flèche entre eux, les autres doigts fermés sans forcer, la flèche dirigée vers le sol, les yeux fixés sur le tir (voyez la figure 85). Cette position étant bien prise, elle élèvera l'arc avec les deux mains, comme si elle voulait d'abord tirer en l'air ; puis elle abaissera progressivement la flèche dans la ligne du tir, en levant le coude droit, en poussant le poignet gauche en avant et en tirant sur les doigts placés sur la corde, de façon que l'autre extrémité

Fig. 86.

de la flèche vienne près de la poignée de l'arc, le corps effacé, la tête légèrement penchée, les deux doigts un peu au-dessous de l'œil droit et près de la joue (voyez la figure 86); puis, restant à cette position le moins de temps possible, elle étendra les deux doigts pour laisser échapper la corde et lancer la flèche vers le but.

Manière de maintenir la flèche sur l'arc.

Il faut, lorsque les doigts sont placés sur la corde, les tenir de façon qu'ils soient dirigés en dedans de la main, et, en tirant sur la corde, les allonger un peu pour maintenir la flèche sur le bois ; car si, lorsque les doigts sont placés sur la corde et qu'on tire sur celle-ci, on les portait en dedans, la flèche s'élèverait au-dessus du bois, et l'on ne pourrait plus viser ; au contraire, lorsqu'on pince la corde avec les doigts fermés en dedans, en tirant sur elle, on force la flèche à rester sur la poignée.

Manière de viser.

Il n'y a qu'une seule manière de viser, c'est-à-dire de prendre une bonne position : c'est celle que nous venons d'indiquer.

Il n'en est pas de l'arc comme des armes à feu, où il n'y a qu'à bien viser. Dans le tir à l'arc, si vous lancez une flèche très légère, elle filera vers le but en décrivant une très petite courbe ; si, au contraire, on lance à la même distance une flèche beaucoup plus lourde en visant de la même manière, elle tombera sur le sol avant d'atteindre le but. Il est donc urgent de connaître les flèches avec lesquelles on tire pour viser un peu plus haut ou un peu plus bas, en bandant plus ou moins fortement l'arc. Dans les tirs où l'on se dispute des prix, chaque tireur a ses flèches préférées.

TIR VERTICAL

[Voir son établissement pl. VI, n° 12.]

Les élèves connaissant les règles du tir horizontal, il est inutile d'y revenir.

Fig. 87.

Je vais me contenter d'indiquer la position que doit prendre le corps pour lancer la flèche presque verticalement: le corps est légèrement penché en arrière, ainsi que la tête (voyez la figure 87). Les flèches devront, bien entendu, être lancées vers un espace libre, afin de n'atteindre personne. Ce tir est encore plus attrayant que le premier, à cause du plaisir que l'on éprouve à voir filer les flèches en l'air, lorsqu'on n'a pas touché le but, ce qui arrive souvent. Dans les tirs d'amateurs, au lieu d'une petite cible, c'est un pigeon qui est suspendu au haut et dont les ailes, la tête et la queue, se détachent du corps dès que l'on touche une de ces parties, et, lorsqu'on atteint le pigeon droit dans le corps, le tout tombe sur le sol. Pour ce genre de tir, le bout des flèches, au lieu d'être pointu, est constitué par une petite base plate de $0^m,020$ de diamètre.

Avant de passer à la description des exercices sur les machines, je vais donner quelques règles relatives à la pratique des jeux le plus en usage.

JEU DE VOLANT

Avant de commencer, on expliquera aux joueuses que le volant rebondit presque toujours perpendiculaire-

Fig. 88.   Fig. 89.

ment sur la raquette qui le frappe ; on recommandera de n'agir qu'avec un mouvement du poignet, en faisant remarquer combien il est peu gracieux et surtout inutile de voir l'avant-bras et souvent même le bras suivre les mouvements du poignet. Cette façon de jouer est défectueuse : les coups sont moins certains et la fatigue survient beaucoup plus vite.

Pour commencer la partie, on prend le volant dans la

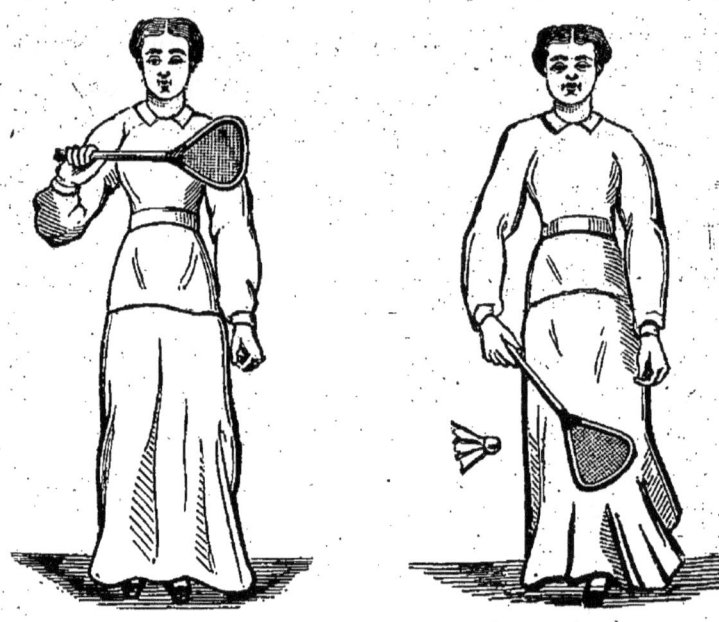

Fig. 90.   Fig. 91.

main gauche et on élève la raquette comme le représente la figure 88; puis on jette le volant en l'air, pour le recevoir sur la raquette et le renvoyer à sa partenaire. Si le volant a été adroitement envoyé vers celle qui doit le recevoir, elle prendra à son tour la position de la figure 88, ne tenant que la raquette, et elle renverra le volant. Lorsque celui-ci aura été mal lancé, on le recevra comme le représente la figure 89; on le dirigera en l'air, souvent plusieurs fois de suite; quand il se trouvera dans une bonne position, on le lancera en prenant la position de la figure 88. Si, au contraire, le volant arrivait sur le côté, à une certaine hauteur, on le repousserait en prenant la position de la figure 90 pour ne pas arrêter la partie. Pour le recevoir lorsqu'il arrive vers le sol, on prendra la position de la figure 91, en regardant, bien entendu, le volant.

Il ne faut jamais oublier que le corps et la tête doivent obéir à tous les mouvements qui peuvent contribuer à ne pas laisser tomber le volant, quelle que soit d'ailleurs la façon dont il a été lancé.

Ce jeu peut être utilisé d'une manière très profitable pour redresser la tête, surtout si on lance continuellement le volant en l'air. Il a aussi l'avantage précieux d'exercer toutes les parties du corps : les jambes mêmes sont souvent vigoureusement exercées, quand il est nécessaire d'aller à la rencontre du volant.

J'ai apporté à ce jeu la modification suivante : une des joueuses tient une raquette dans chaque main ; l'autre une raquette seulement ; le volant étant lancé, celle qui a deux raquettes, le reçoit une fois à droite, une autre fois à gauche, en continuant de même pendant un moment ; puis on continue la partie de la même manière en donnant deux raquettes à celle qui n'en avait qu'une.

Voici encore une autre application de ce jeu qui ne manque pas d'attrait : on place un cercle de $0^m,50$ de diamètre au haut d'une perche de 4 à 5 mètres. Les joueuses se placent à une distance plus ou moins grande et s'efforcent de faire passer le volant dans le cercle. Cette manœuvre amuse beaucoup les joueuses, et elles y deviennent rapidement très adroites.

JEU DE GRACE

Ce jeu mérite à tous égards le nom charmant qu'il porte. Malheureusement, ainsi qu'il arrive pour bien d'autres, on ne s'astreint pas assez aux règles qui en

Fig. 92.

font le mérite. En général, on lance le cercle en se servant également des deux baguettes et on le reçoit de même. En procédant ainsi, on arrive rarement à diriger le cercle suivant la direction qu'on désire lui faire parcourir. Voici quelques instructions qui permettront de se livrer à cet agréable jeu avec la grâce et toute la perfection qu'il est possible d'atteindre.

La condition première pour bien lancer le cercle est de savoir le placer comme il faut, en se servant des deux baguettes. On placera la baguette tenue dans la

Fig. 93.

main droite en bas, et la baguette tenue dans la main gauche au-dessus, comme le représente la figure 92; puis on dirigera les deux baguettes droit devant soi, la gauche toujours au-dessus, ainsi que le représente la figure 93. On porte ensuite la main droite vers la droite et la main gauche vers la gauche, et l'on fait faire un mouvement de bascule au cercle, en portant la baguette de droite en avant et en l'air, et celle de gauche en arrière et en bas; on élèvera ensuite le cercle avec les deux baguettes, ainsi que l'indique la figure 94. Comme on le voit, on porte le poignet droit en avant, de manière qu'en lançant le cercle, celui-ci quitte l'extrémité de la baguette directement devant soi; la baguette de gauche n'agissant que pour le maintenir dans sa position avant de le lancer. La partenaire ne doit recevoir le cercle

Fig. 94.

qu'avec une seule baguette, ainsi que le représente la figure 95, c'est-à-dire du côté droit.

Quand la position est bien prise, on peut lancer le cercle d'une façon certaine, soit en l'air en le plaçant verticalement, soit vers la droite ou vers la gauche, et même en avant presque horizontalement, en ayant soin que la baguette tienne le cercle dans la direction qu'il doit parcourir. Ici, comme pour le volant, l'impulsion ne doit être donnée qu'avec le poignet, que l'on aidera d'un léger mouvement de l'avant-bras.

176 GYMNASTIQUE DES DEMOISELLES.

Je ne connaissais que cette manière de jouer à ce jeu, lorsqu'un jour, me trouvant dans la société de dames russes, j'appris d'elles que, dans leur pays, on

Fig. 95.

ne se servait que d'une seule baguette; et elles se sont empressées de me montrer comment elles procédaient. La différence consiste en ceci : on tient légèrement le cercle avec l'extrémité des doigts de la main gauche, comme le représente la figure 96, au lieu de le maintenir avec la baguette du bas.

JEU DE GRACE.

Depuis que je connais cette façon de procéder, je ne me suis plus servi de deux baguettes que pour démontrer les différentes manières de jouer.

A l'exemple de ce qui a été dit pour le volant, il est sage d'exercer la main gauche autant que la droite.

Fig. 96.

On placera, dans ce cas, la baguette tenue dans la main gauche comme on l'a fait pour la droite, mais du côté opposé. On peut lancer de cette façon un cercle ordinaire à une distance de 8, 10 et 12 mètres sans trop de difficulté. Pour que le cercle soit bien lancé, il doit faire sa course sans la moindre oscillation : la distance parcourue dépend naturellement de la vigueur et de l'adresse de la personne qui le lance.

J'ai fait, avec des personnes bien exercées, des applications très intéressantes de ce jeu. Exemple : On se place à une certaine distance, et on lance le cercle en cherchant à le faire passer dans un cerceau fixé au haut d'une perche élevée de 5 à 6 mètres; puis on fixe une perche de la même hauteur dans le sol, et on cherche à l'enfiler dans cette perche.

Deux joueuses lancent leur cercle en même temps et ceux-ci se croisent au centre de leur course.

J'ai fait confectionner, à l'usage des hommes, de ces cercles du poids de 300 à 400 grammes; ceux-ci parvenaient à les lancer dans une direction déterminée à une distance prodigieuse.

Enfin, à ce jeu comme à bien d'autres, on peut varier les difficultés à l'infini; mais, qu'on le remarque bien, toutes les modifications, toutes les variétés appliquées sans règles n'ont absolument aucun bon résultat et ne procurent aucun attrait.

JEU DE L'ENTONNOIR-VOLANT

(Modification du jeu de Cornet.)

J'ai imaginé ce nouveau jeu depuis peu de temps : il ressemble beaucoup au jeu de cornet pour les mouve-

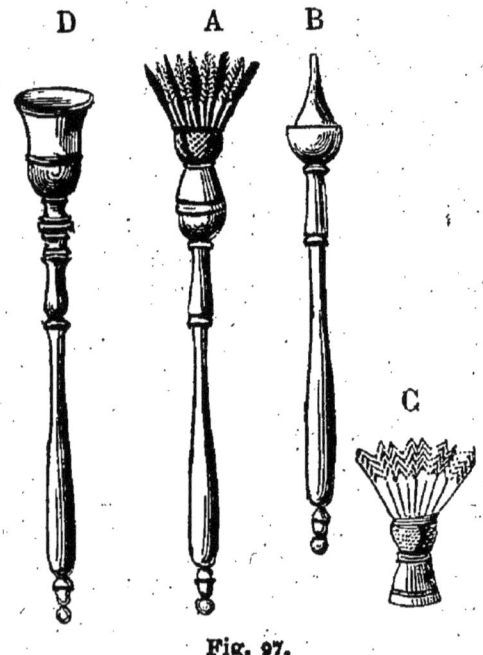

Fig. 97.

ments ; mais il est un peu plus difficile que ce dernier. En revanche, il est plus gracieux et plus élégant. Il a été mis en pratique pour la première fois à l'École normale des institutrices de la Seine, où beaucoup de ces demoiselles s'y livrent depuis ce moment avec un entrain et une facilité admirables.

Voici quelques explications qui feront connaître en quoi il consiste.

Fig. 98.

On se sert des instruments A B, représentés dans la figure 97, dans laquelle on voit, en A, la poignée, la pique, le volant et son entonnoir réunis; en B, la poignée avec sa pique: en C, le volant et son entonnoir séparés de la pique, en D est un cornet avec sa poignée, confectionné spécialement pour bien recevoir le volant. Ceux qu'on trouve dans le commerce sont généralement mal établis, trop petits et trop étroits dans leur fond; de sorte que le volant, ne se trouvant pas assez assuré dans le cornet, en sort trop facilement lorsqu'on se dispose à le recevoir ou à le lancer.

Fig. 99.

Mes occupations multiples m'ont empêché de veiller à la fabrication et à la vente de ces utiles et gracieux instruments. Je n'en ai fait qu'un dépôt chez M. Frété, fournisseur de la gymnastique des écoles, n° 12, boulevard de Sébastopol.

Pour réussir le mieux possible à ce jeu, voici la règle qu'il faut suivre :

On place l'entonnoir sur la pique ; puis on prend la

Fig. 100.

poignée par l'extrémité inférieure, et on élève le poignet à hauteur du visage, en inclinant la poignée en arrière, ainsi que le montre la figure 98. On élève ensuite vivement le bras, en poussant le volant en l'air et en avant de façon à lui faire décrire une ligne courbe assez prononcée (voyez la figure 99, qui représente la position du bras et de la poignée, lorsque le volant vient de quitter la pique). Pour recevoir le volant sur la pique, on baisse le bras en inclinant la poignée en avant, comme le montre la figure 100. Plus le volant arrive de haut, plus il est facile de le recevoir, parce qu'on peut voir l'intérieur de l'entonnoir et diriger la pique vers sa cavité. Pour réussir, il faut, au moment où l'entonnoir est près de la pique, baisser celle-ci au lieu de la lever ; en effet, en la levant un peu brusquement, on risque de faire sortir l'entonnoir de la pique ; en outre, l'entonnoir peut ne pas arriver dans une position qui permette de le recevoir bien, de sorte que le bout de la pique le touche alors sur le côté. Si l'on ne baisse pas à ce moment le poignet, au lieu de le lever, le volant se trouvera repoussé et renvoyé sur le sol.

Je ne juge pas utile d'entrer dans des détails sur la façon de se servir du cornet ; les règles sont les mêmes que celles que je viens d'indiquer pour l'entonnoir-volant. Il est seulement urgent de se procurer des cornets de bonne forme.

EXERCICES SUR LES MACHINES

ÉCHELLE ORTHOPÉDIQUE

[Voir sa construction, planche III A', 5, 6, 7.]

Avant de faire établir cette machine à l'hôpital des Enfants, en 1847, je n'en avais trouvé aucun indice dans les ouvrages sur la matière. On ne s'était servi jusqu'alors que de mâts plus ou moins gros, traversés par des chevilles. Cette disposition était bien éloignée de présenter les avantages que nous avons pu constater en appliquant mon échelle aux petits malades des deux sexes. Peu de temps après, on l'a adoptée dans les lycées, et aujourd'hui toutes les écoles communales de filles en sont pourvues.

Les exercices qu'on peut faire sur cette machine sont très nombreux, et, dans beaucoup de circonstances, elle rend de véritables services pour corriger une mauvaise tenue des enfants et même certaines déviations.

Lorsqu'on se servira de cette machine, on devra la placer inclinée, de façon à ne pas exiger trop de dépense de force de la part de l'élève. Il est facile de se rendre compte que plus elle approchera de la verticale, plus les exercices seront difficiles, et principalement pour tous ceux où le corps est soutenu par les bras, les mains en bas. On inclinera donc l'échelle de façon que l'élève puisse s'y tenir sans trop de difficulté, et de

MACHINES.

manière qu'elle puisse s'y maintenir sans déplacer les épaules de leur position normale.

Premier Exercice.

MONTER LE DOS EN GLISSANT SUR LA PLANCHE
ET EN SE POUSSANT AVEC LES PIEDS,
PUIS DESCENDRE EN SE TIRANT AVEC LES MAINS EN DEUX,
TROIS OU QUATRE TEMPS.

L'élève se place le dos sur la planche, les pieds posés

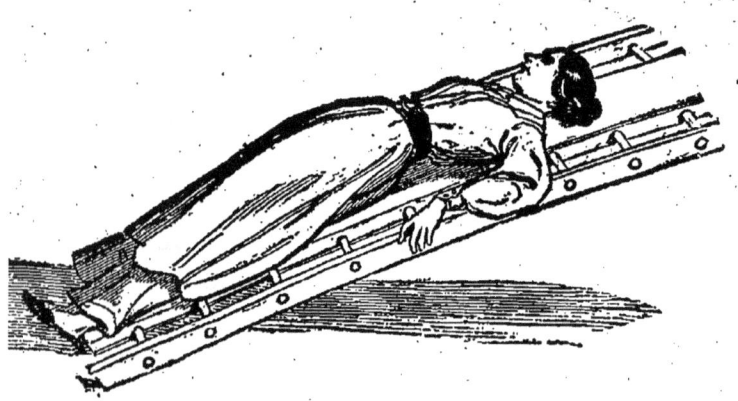

Fig. 101.

au centre, les bras en bas, les coudes en dehors des montants, les mains fixées sur eux (voyez la figure 101). Aussitôt placée, elle se tiendra avec les mains et elle fixera les pieds sur les échelons de même hauteur en fléchissant aux jarrets (voyez la position figure 102); elle fera ensuite monter le corps en le glissant sur la planche par la force des jarrets, jusqu'à ce que les jambes soient allongées, les mains glissant sur les montants. Elle continuera de même jusqu'au haut de l'échelle. Quand elle y sera parvenue, elle réunira les pieds et les jambes allongées sur la planche ; puis elle allongera les bras en bas pour saisir

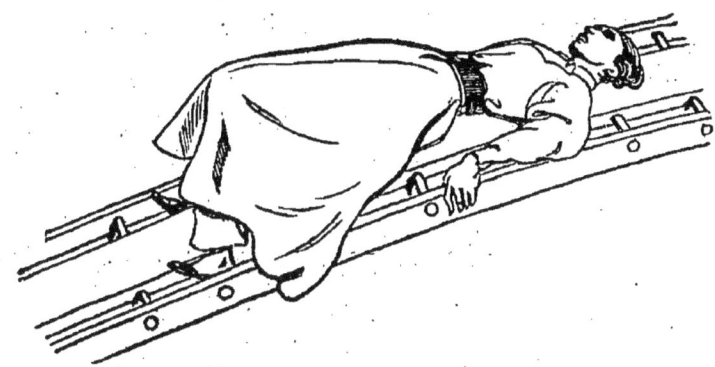

Fig. 102.

deux échelons de la même hauteur ; elle tirera ensuite sur les mains pour faire descendre le corps sur la

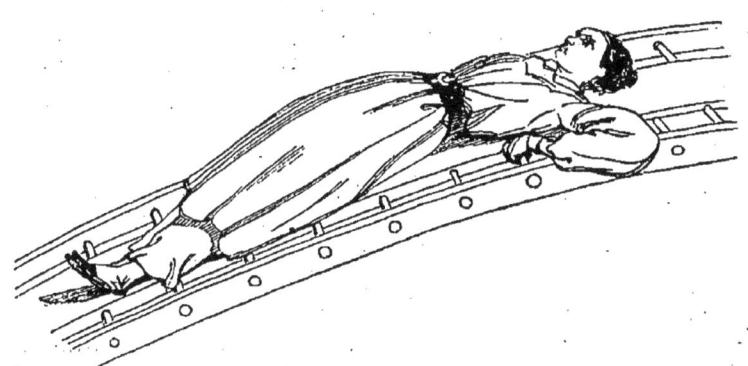

Fig. 103.

planche jusqu'à ce que les coudes soient le plus élevés possible (voyez la figure 103). Lorsqu'elle ne pourra plus tirer sur les bras, elle placera de nouveau les mains en bas pour continuer ainsi jusqu'au bas de l'échelle.

Deuxième Exercice.

SE HISSER EN SE POUSSANT AVEC LES MAINS SIMULTANÉMENT, ET DESCENDRE EN TIRANT AVEC LES TALONS SUR LES ÉCHELONS.

L'élève se placera allongée, le dos sur la planche ; puis elle posera les mains sur les échelons de même

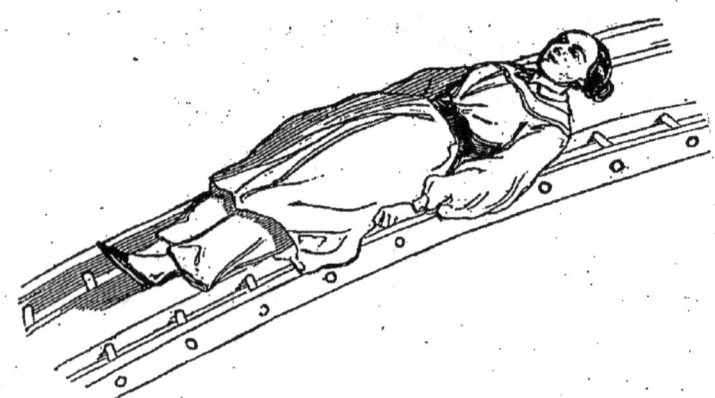

Fig. 104.

hauteur, comme l'indique la figure 104 ; elle se poussera ensuite sur les poignets pour faire monter le corps jusqu'à ce que les bras soient allongés. Après un court temps d'arrêt, elle replacera les mains sur les échelons supérieurs pour se hisser de nouveau et continuer de même jusqu'au haut. Quand elle y sera parvenue, elle posera les mains sur les montants et fixera les talons sur deux échelons à sa portée, et, en tirant sur ceux-ci, elle fera descendre le corps autant que la flexion de ses jarrets lui permettra de le faire (voyez la figure 102). Après un temps d'arrêt, elle descendra les talons sur deux échelons plus bas, et elle continuera de la sorte jusqu'au bas de l'échelle.

Troisième Exercice.

SE HISSER EN POUSSANT SUR LES PIEDS ALTERNATIVEMENT ET DESCENDRE EN TIRANT DE MÊME SUR LES MAINS.

S'étant placée allongée, le dos sur la planche, l'élève posera les mains sur les montants sans les serrer ; puis

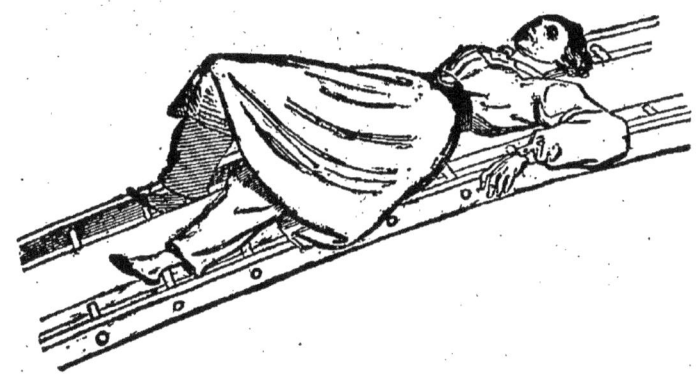

Fig. 105.

elle élèvera le pied droit pour le poser sur l'échelon supérieur, en pliant au jarret; elle fera ensuite effort sur ce pied pour faire monter le corps. Elle agira de même avec le pied gauche et continuera ainsi jusqu'au haut de l'échelle, les mains glissant toujours sur les montants, sans les serrer (voyez la figure 105). Quand elle sera arrivée au haut de l'échelle, elle placera les jambes allongées sur le milieu de la planche, les bras allongés, les mains sur les échelons (voyez la figure 106). De cette position, elle tirera sur la main droite pour faire descendre le corps, puis sur la main gauche, et elle recommencera de la main droite jusqu'à ce qu'elle soit au bas de l'échelle.

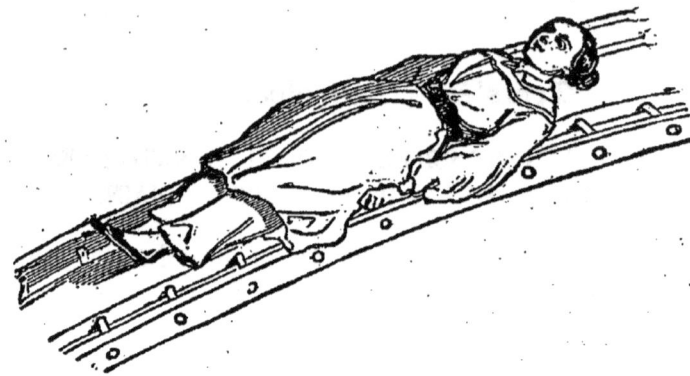

Fig. 106.

Quatrième Exercice.

SE HISSER EN POUSSANT SUR LES MAINS ALTERNATIVEMENT, ET DESCENDRE EN TIRANT ALTERNATIVEMENT SUR LES TALONS.

L'élève étant placée sur la planche comme pour les

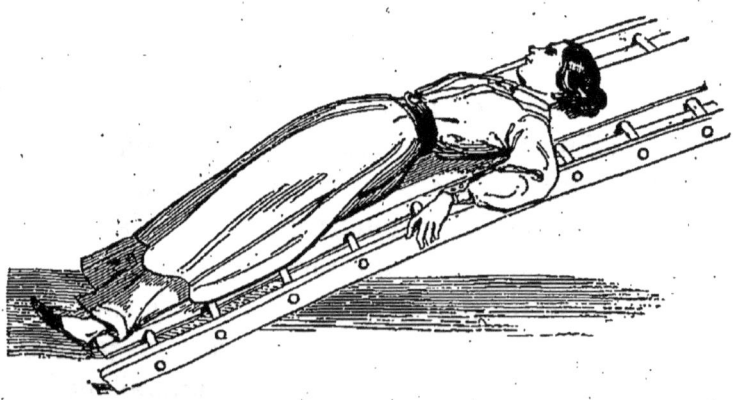

Fig. 107.

exercices précédents (figure 107), elle posera la main

droite en l'élevant sur l'échelon supérieur; puis elle appuiera fortement sur cette main pour faire monter le corps jusqu'à ce que le bras soit allongé. Elle agira

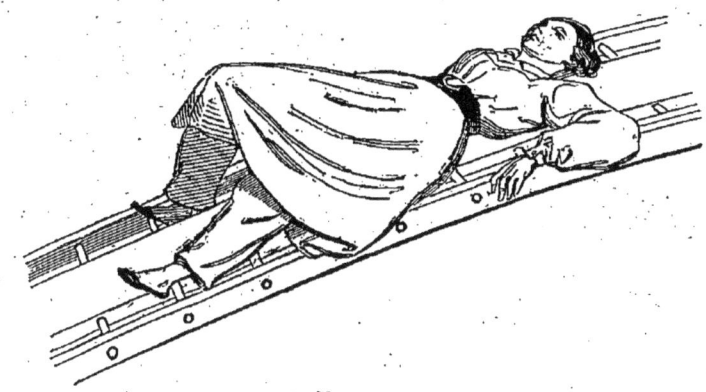

Fig. 108.

ensuite de la même manière avec la main gauche, puis encore avec la droite, jusqu'au haut de l'échelle. Arrivée là, elle posera les mains sur les montants sans les serrer (figure 108), et elle s'accrochera par un talon sur un échelon, sur lequel elle tirera pour faire descendre le corps; elle agira de même avec l'autre talon, et continuera ainsi jusqu'au bas de l'échelle.

Cinquième Exercice.

SE HISSER ET DESCENDRE EN PLAÇANT LES MAINS AU-DESSUS DES ÉPAULES.

Étant placée allongée, le dos sur la planche, l'élève portera les bras en l'air, et fixera les mains sur deux échelons à la même hauteur; puis, en se tenant par les mains, elle placera les pieds et les jambes réunis au milieu de la planche; puis elle fera effort en tirant sur

les mains pour faire monter le corps le plus possible
(figure 109). Dès qu'un temps d'arrêt aura été marqué,
elle haussera les mains de nouveau pour faire le même

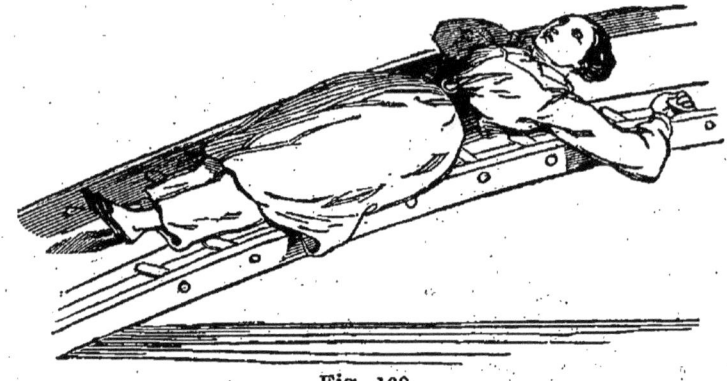

Fig. 109.

mouvement et continuer de la sorte jusqu'au haut de
l'échelle. Quand elle y sera parvenue, sans déplacer les
mains, elle poussera sur elle pour faire descendre le
corps jusqu'à ce que les bras soient allongés ; puis elle
baissera les mains et répétera le même mouvement jusqu'au bas de l'échelle.

Sixième Exercice.

SE HISSER ET DESCENDRE ÉTANT ASSIS SUR LA PLANCHE
EN FIXANT LES MAINS SUR LES ÉCHELONS.

L'élève s'assiéra sur l'échelle et elle placera les mains
sur deux échelons de même hauteur, à la hauteur des
reins (figure 110); elle poussera alors sur les mains
pour faire monter le corps aussi haut que possible
(figure 111). Cette position étant marquée, elle posera
les mains sur deux échelons plus élevés en arrière

(figure 112); puis elle fera un nouvel effort pour faire monter le corps comme précédemment, et elle conti-

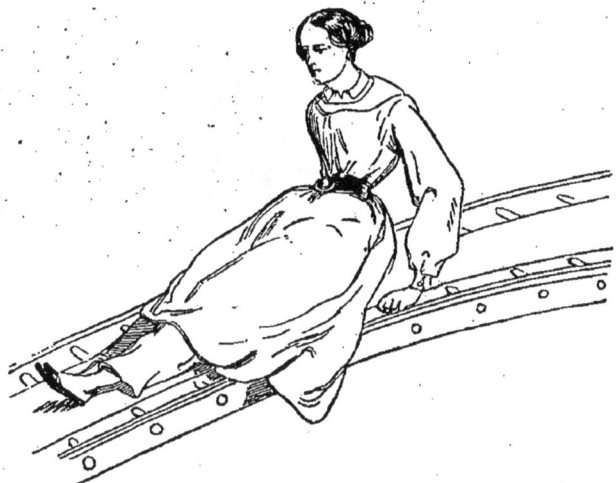

Fig. 110.

Fig. 111.

nuera ainsi jusqu'au haut de l'échelle, pour descendre ensuite de même en plaçant chaque fois les mains en bas.

MACHINES.

Je sais qu'on trouvera que ces exercices sont bien multipliés, l'échelle étant placée presque horizontale-

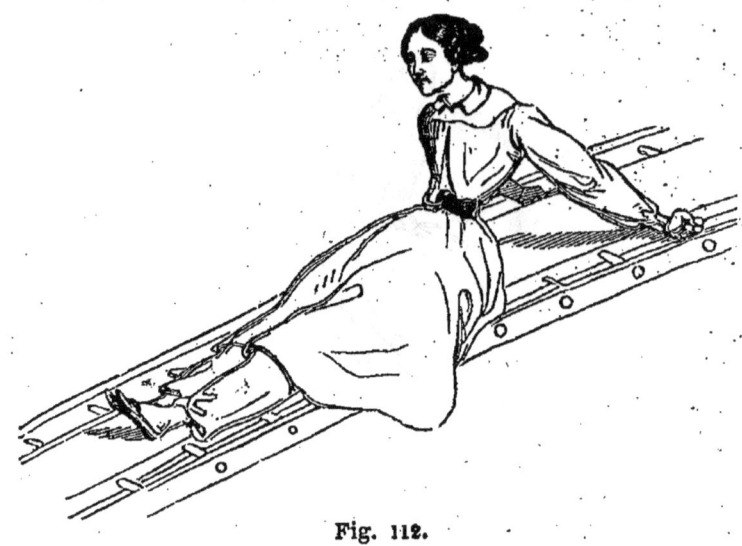

Fig. 112.

ment; mais il ne faut pas oublier qu'on se propose d'atteindre un but utile en les pratiquant. Il serait moins agréable encore de faire répéter constamment le même exercice.

Septième Exercice.

MONTER EN SE TENANT AVEC LES MAINS EN L'AIR ET DESCENDRE DE MÊME.

L'élève se placera comme le représente la figure 113; puis elle posera un pied sur le premier échelon et l'autre pied de même; ainsi placée sur les pieds, elle élèvera les bras pour prendre les échelons le plus haut possible (figure 114) ; aussitôt que les mains seront fixées, elle placera les pieds réunis et les jambes allongées au milieu de la planche (figure 115). Après un

Fig. 113.

court temps d'arrêt, elle pliera aux jarrets et elle placera les pieds sur les échelons supérieurs, et, en appuyant sur ceux-ci, elle redressera les jambes en faisant monter le corps; elle placera de nouveau les mains sur les échelons supérieurs pour se suspendre comme elle vient de le faire, et elle continuera ainsi jusqu'au haut de l'échelle; elle descendra ensuite par des procédés inverses, c'est-à-dire que les pieds se placent en premier sur les échelons qui se trouvent à leur hauteur, puis le corps se baisse en pliant aux jarrets, les mains descen-

Fig. 114.   Fig. 115.

dent sur les deux échelons au-dessous, et ainsi de suite jusqu'au bas.

Huitième Exercice.

SE HISSER EN PORTANT LE CORPS SUR LES POIGNETS
LES BRAS EN BAS ET DESCENDRE DE MÊME.

Étant placée le dos sur la planche et les pieds sur les

Fig. 116.

premiers échelons, l'élève posera les mains sur les échelons qui se trouvent à leur hauteur, puis, résistant sur les bras, elle placera les pieds réunis au milieu de la planche, le corps et les jambes tendus (figure 116). Aussitôt que cette position aura été bien marquée, elle élèvera les pieds pour les poser sur les échelons supérieurs ; puis elle redressera les jambes et élèvera les mains plus haut et recommencera le même mouvement, pour continuer ainsi jusqu'au haut de l'échelle. Quand elle y sera parvenue, elle descendra par un procédé inverse, c'est-à-dire qu'elle posera les pieds à la hauteur où ils se trouvent sur les échelons, descendra le corps, placera les mains sur les échelons au-dessous, se suspendra de nouveau sur les poignets, et ainsi de suite jusqu'au bas.

Neuvième Exercice.

SE HISSER ET DESCENDRE, EN SE SUSPENDANT AVEC UNE MAIN.

Les mouvements nécessaires à l'exécution de cet exercice sont semblables à ceux décrits pour l'exercice précédent. La seule différence est qu'il faut se suspendre par une seule main, en faisant usage alternativement, bien entendu, de la main gauche et de la main droite, à moins qu'il y ait nécessité de se tenir toujours avec la même main.

Dixième Exercice.

SE PLACER LE DOS CONTRE LA PLANCHE, LES MAINS FIXÉES EN L'AIR ET TENDRE LES JAMBES EN AVANT.

Étant suspendue par les mains, les pieds réunis et les jambes tendues au milieu de la planche, l'élève élèvera les jambes réunies en baissant le bout des pieds, comme le représente la figure 117, plusieurs fois de suite; puis elle descendra pour faire place à une autre.

J'ai dit au commencement que les exercices sur cette machine pouvaient varier à l'infini. C'est au professeur à les multiplier, de façon qu'ils soient toujours profitables aux élèves qui lui sont confiées.

Fig. 117.

EXERCICES

A L'ÉCHELLE HORIZONTALE

[Voir son établissement, pl. III, n° 4.]

Placée horizontalement, cette échelle permet aux jeunes filles de s'y exercer avec facilité. Dans le cas de déviation simple, la suspension souvent renouvelée, amène des résultats positifs, si le sujet qui a besoin de cet exercice montre de la persévérance.

Premier Exercice.

SE SUSPENDRE EN FAISANT FACE AU COTÉ DE L'ÉCHELLE
ET SAUTER SUR LE SOL SUIVANT LES RÈGLES.

L'élève se placera sous l'échelle, aidée par le professeur, ou en montant sur un banc, comme le représente la figure 118, le corps droit ainsi que la tête et surtout sans avancer la ceinture, les pieds et les jambes réunis. Après un certain temps et sans aller jusqu'à la fatigue, elle sautera sur le sol suivant les règles du saut en profondeur.

Fig. 118.

Deuxième Exercice.

SE DIRIGER SOUS L'ÉCHELLE VERS LA DROITE
ET VERS LA GAUCHE.

L'élève se placera sous l'échelle suspendue par les mains aux échelons, en en laissant un de libre entre ceux qu'elle tient et ayant la longueur de l'échelle à parcourir vers sa gauche. Quand elle sera suspendue, elle fera un balancement du corps à droite et à gauche, et, lorsque le corps est porté à gauche, elle posera la

Fig. 119.

main gauche sur l'échelon qui est de ce côté en le regardant (voyez la figure 119). Aussitôt que la main gauche est fixée sur l'échelon, elle tire un peu dessus, en sorte que le corps est porté vers sa droite; elle profite de ce mouvement pour placer la main droite sur l'échelon suivant; puis elle agit comme elle l'a déjà fait avec la main gauche et continue ainsi jusqu'au bout.

Quand elle y sera arrivée, elle sautera sur le sol suivant les règles.

Le même exercice se fait en se dirigeant vers la droite.

Troisième Exercice.

AVANCER SOUS L'ÉCHELLE EN PLAÇANT ALTERNATIVEMENT LES MAINS SUR LES MONTANTS.

L'élève se placera sous l'échelle ayant la longueur à

Fig. 120.

parcourir devant elle. Après qu'elle aura posé les mains sur les montants, elle fera un petit balancement de corps à droite et à gauche; puis, au moment où le corps sera porté à gauche, elle avancera vivement la main gauche en avant (voyez la figure 120); quand cette main est fixée, le corps revient vers la droite; elle profite de ce mouvement pour avancer la main droite plus loin que la gauche; elle recommence de même lorsque le corps retourne à gauche, et elle avance ainsi par mouvements réguliers jusqu'à l'autre extrémité de l'échelle. Quand il est bien compris, cet exercice n'exige aucune dépense de force autre que celle nécessaire pour se soutenir suspendu par les mains.

Le même exercice se fait en se dirigeant en arrière.

Quatrième Exercice.

SE DIRIGER VERS LA GAUCHE ET VERS LA DROITE
EN DÉPLAÇANT
ALTERNATIVEMENT LES MAINS SUR LES MONTANTS.

Étant suspendue à l'un des montants, et en supposant qu'elle veuille se diriger vers sa gauche (figure 121), l'élève provoquera un léger mouvement de corps vers sa droite, et elle laissera échapper tout de suite la main droite pour la porter près de la gauche; aussitôt que la main droite est fixée, le corps revient à gauche; elle lâche alors la main gauche pour l'éloigner vers sa gauche; elle recommence le même mouvement de la main droite, et elle continue ainsi jusqu'à ce qu'elle soit arrivée à l'autre extrémité de l'échelle.

Ce même exercice s'exécute aussi en se dirigeant

204 GYMNASTIQUE DES DEMOISELLES.

vers la droite. On déplace la main droite lorsque le corps

Fig. 121.

va de ce côté et la main gauche lorsqu'il va à gauche.

Cinquième Exercice.

SE DIRIGER VERS LA DROITE ET VERS LA GAUCHE
PAR BRASSÉES.

Étant suspendue aux échelons, les mains moyennement éloignées et ayant la longueur de l'échelle à parcourir vers sa droite, l'élève fera un tout petit balancement de jambes en avant et en arrière ; puis, juste à l'instant où les jambes seront en arrière, elle laissera

Fig. 122.

échapper la main gauche (figure 122), et elle descendra cette main le plus bas possible vers le sol, en entraînant l'épaule gauche avec elle ; puis, elle l'élèvera vers sa droite (figure 123) en faisant un demi-tour, et, ce mouvement terminé, elle saisira l'échelon qui se trouve à la portée de sa main gauche. Quand la main gauche sera fixée, elle attendra que le corps fasse son mouvement à droite pour laisser échapper la main droite et répéter ce qu'elle vient de faire avec la main et le bras gauches, et elle continuera de même jusqu'à ce qu'elle soit parvenue à l'extrémité de l'échelle.

Fig. 123.

Cet exercice est très gracieux ; il n'est pas d'une exécution difficile une fois qu'on l'a bien compris.

Comme à l'échelle orthopédique, on peut faire sous cette échelle des exercices à l'infini. Seulement un grand nombre d'entre eux exigent trop de force pour être exécutés par les demoiselles.

EXERCICES DE LA BASCULE BRACHIALE

[Voir sa construction, planche III, n° 5.]

Parmi les machines en nombre assez grand que j'ai fait établir, la *bascule brachiale* est assurément celle qui me paraît la mieux conçue. Avant 1838, époque à laquelle je l'ai appliquée pour la première fois au couvent des Oiseaux, elle était inconnue.

Cette machine offre plus d'un avantage précieux. D'abord elle plaît aux élèves, à tel point que, dans les pensions de demoiselles où je l'ai fait installer, si j'avais cédé aux désirs des élèves, elles y auraient passé toutes les séances.

En outre, elle oblige les élèves à s'exercer d'une façon régulière, comme on peut en juger par les positions figurées ci-après :

Je recommande de la façon la plus sérieuse de ne jamais permettre à une élève, si habituée et si forte qu'elle soit, de s'exercer à cette machine sans être munie de la ceinture et de la petite corde de sûreté. Depuis plus de trente années que nous nous en servons fréquemment dans les hôpitaux, aussi bien pour les enfants que pour les adultes, nous n'avons jamais eu, grâce à ce moyen, d'accident à regretter, bien qu'il soit arrivé quelquefois à un sujet de lâcher les poignées au moment

208 GYMNASTIQUE DES DEMOISELLES.

où il était parvenu au point le plus élevé. Quand cela s'est produit, l'élève en a toujours été quitte pour se

BASCULE BRACHIALE. 209

trouver suspendu par la ceinture, sans éprouver d'autre mal qu'une assez légère secousse.

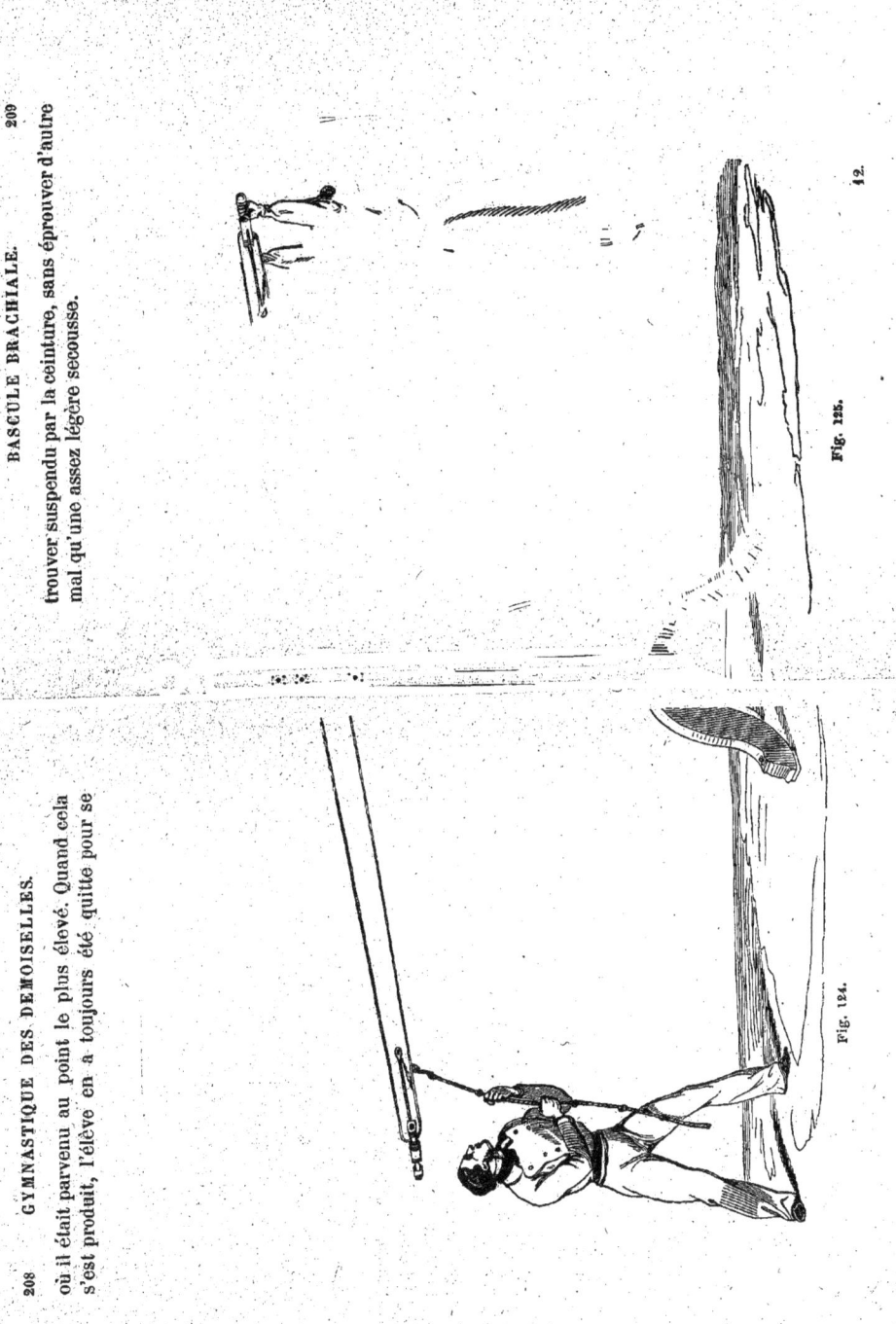

Fig. 124.

Fig. 125.

GYMNASTIQUE DES DEMOISELLES.

Premier Exercice.

Il n'y a qu'une seule manière de bien s'exercer à cette machine ; mais on emploie différents moyens pour y habituer les élèves, avant qu'elles puissent y aller seules.

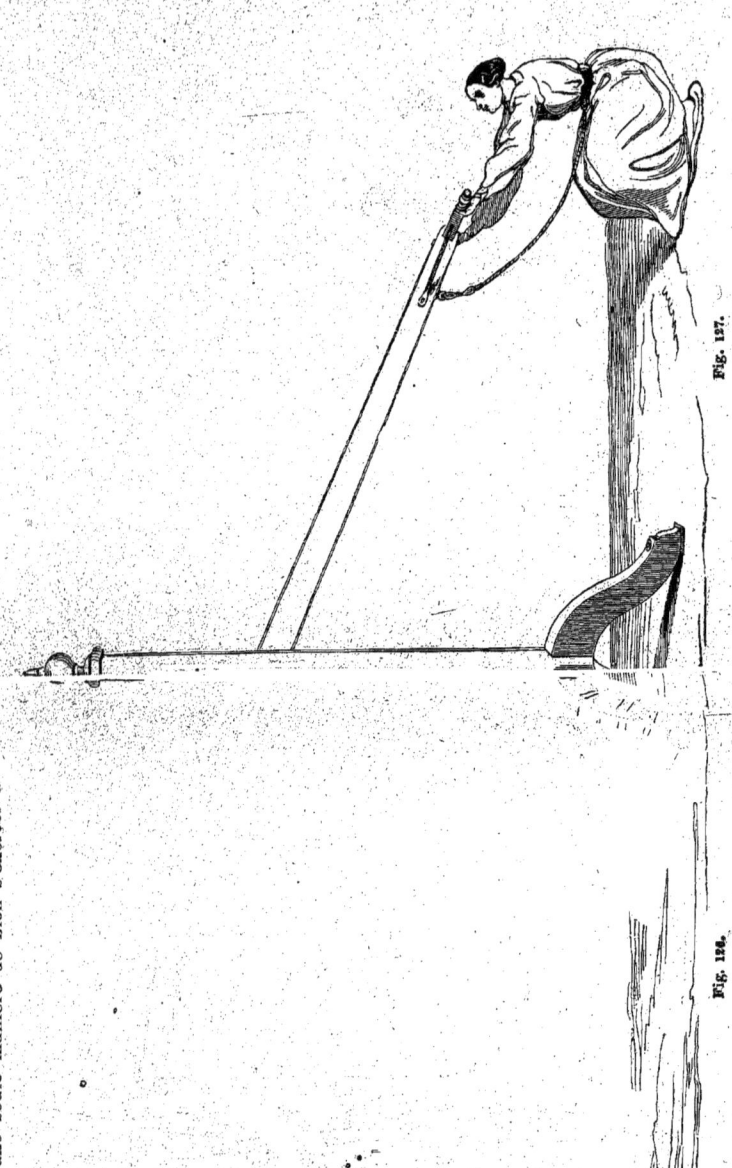

Fig. 126.

Fig. 127.

Fig. 128.

Fig. 129.

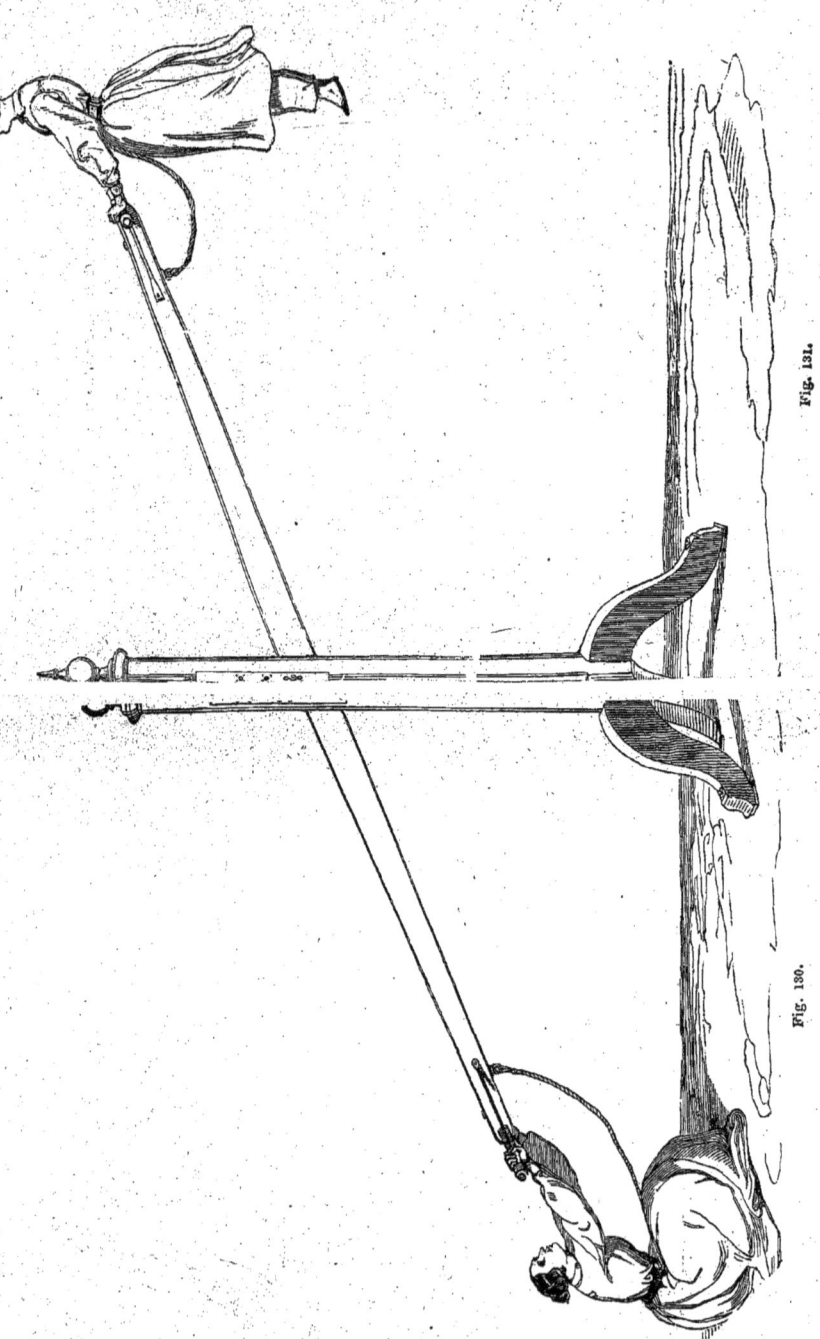

Fig. 130.

Fig. 131.

On place une élève vers une extrémité, les mains sur les poignées, les doigts en dessus, les pouces en dessous, et l'on passe le clavier dans l'anneau de la ceinture du dessous en dessus, pour qu'il ne puisse sortir de l'anneau. Cela fait, le professeur prend une corde à nœuds qu'il a fixée à un tirefond ; puis il tire sur la corde de manière à élever l'élève sans secousse brusque. Celle-ci restant entièrement allongée (figures 124, 125), le professeur laissera descendre le balancier progressivement du côté de l'élève, laquelle touchera d'abord le sol avec la plante des pieds, puis fléchira aux jarrets jusqu'à ce que le derrière touche les talons. Elle appuiera ensuite sur les poignées de manière à les faire descendre à peu près à hauteur des épaules (voyez les figures 126 et 127); dès qu'elle aura cessé de fléchir, le professeur tirera de nouveau sur la corde, l'élève obéissant au mouvement sans secousse, en laissant d'abord élever ses bras, puis son corps, ainsi que les jambes. Quand elle sera élevée aussi haut que le professeur aura pu le faire, il la fera descendre de nouveau et il continuera ainsi plusieurs fois, en indiquant chaque fois à l'élève les fautes qu'elle pourrait commettre.

Cette manière de faire aller les élèves est très douce. Il ne faudra jamais procéder autrement tant qu'on n'aura que de très jeunes enfants à exercer.

Lorsque les élèves sont bien accoutumées à ce premier exercice, on passe au suivant :

L'élève prendra les poignées comme précédemment, et le professeur la fera aller de même, en forçant beaucoup plus le mouvement, mais en évitant, les secousses brusques. Après quelque temps de pratique, lorsque l'élève se rendra compte de ce qu'elle doit faire, le professeur forcera sur la corde ; l'élève cherchera, en tirant sur les bras, à se hisser au-dessus des poignées en maintenant le corps droit (figures 128 et 129). Elle ne restera dans cette position que le temps de la marquer; puis, pendant que le professeur tient un moment les poignées en bas, l'élève descend au-dessous des poignées par un mouvement progressif et sans secousse, et, dès que les bras sont allongés au-dessous des poignées, le professeur saisit ce moment pour continuer de faire descendre l'élève, sans aucun temps d'arrêt, jusqu'à ce qu'elle soit revenue sur le sol, comme à la position de la figure 127. On répétera plusieurs fois de suite les mêmes mouvements, sans aller jusqu'à la fatigue.

Lorsque l'élève aura été exercée de façon à se rendre bien compte du mécanisme des mouvements, on en fera aller deux ensemble, autant que possible de la même taille. Une légère différence de poids n'est pas un obstacle quand on sait s'entendre dans la manœuvre.

Les élèves étant placées et tenant les poignées, une d'elles tirera sur les mains pour élever un peu l'autre. Cette dernière pliera un peu aux jarrets; puis elle se redressera en prenant un peu d'élan sur le sol, pendant que l'autre appuiera sur les poignées pour faire monter sa camarade, comme le représentent les figures 130 et 131. Une fois qu'elles sont en mouvement, elles doivent s'entendre pour se faire monter et descendre, sans que jamais une d'elles fasse un mouvement capable de contrarier celui de sa partenaire; c'est-à-dire qu'elles doivent sentir chacune s'il faut forcer ou adoucir les mouvements pour se protéger mutuellement.

Parmi les malades de la Salpêtrière, il y a des femmes qui sont tellement habituées à ce genre d'exercice, que, lorsqu'elles se sont élevées au-dessus des poignées, elles quittent vivement les mains, les frappent l'une contre l'autre et ressaisissent les poignées légèrement, pour redescendre comme d'habitude. Toutefois, nous défendons énergiquement cette fantaisie qui pourrait être dangereuse, si elles laissaient échapper les poignées

VINDAS, PAS DE GÉANT

OU COURSE VOLANTE

[Voir son établissement, pl. VI, n° 14.]

Cette machine plaît beaucoup aux élèves, bien que

Fig. 132.

tous les exercices soient assez fatigants. La meilleure précaution à prendre est de ne pas y exercer les élèves

Fig. 133

d'une faible santé ou sujettes aux palpitations, etc. En dehors de ces circonstances, ces exercices donnent pour ceux qui s'y livrent de la force aux bras et aux jambes; ils développent la poitrine, et, quand on les exécute bien, ils sont très gracieux.

Premier Exercice.

COURSE VOLANTE VERS LA GAUCHE EN SE TENANT
AVEC LES MAINS.

Avant de commencer la course, l'élève prendra la position de la figure 132 ; quand elle sera bien placée, elle portera un peu le haut du corps en avant, et, en tirant fortement sur les poignets, elle lancera la jambe gauche en avant, puis la droite, et elle continuera de courir en faisant les plus grands pas possibles, en maintenant le corps droit, et surtout en ne portant pas les pieds vers la base du vindas ; c'est-à-dire que les pieds doivent plutôt toucher le sol en dehors du cercle parcouru qu'en dedans (voyez la figure 133), lorsque l'élève est lancée. Pour bien se rendre compte de la manière de procéder vers le sol, il faut se figurer qu'on a sous les pieds une plate-forme mobile qu'on voudrait faire tourner avec ceux-ci en les posant alternativement sur elle sans la frapper. L'élève n'attendra jamais pour s'arrêter qu'elle soit trop fatiguée.

Deuxième Exercice.

COURSE VOLANTE VERS LA DROITE EN SE TENANT
AVEC LES MAINS.

C'est la répétition de l'exercice précédent, en tournant vers la droite au lieu de tourner vers la gauche.

Troisième Exercice.

COURSE VOLANTE VERS LA DROITE EN NE SE TENANT QU'AVEC LA MAIN DROITE.

Étant placée comme le représente la figure 134,

Fig. 134.   Fig. 135.

l'élève partira du pied gauche en avant, en tirant fortement sur la main droite et en observant les règles du

premier exercice pour la tenue du corps et l'action des pieds (voyez la figure 135), lorsque l'élève est lancée. Il n'y a que les élèves fortes et bien exercées qui puissent pratiquer cet exercice.

Quatrième Exercice.

COURSE VOLANTE VERS LA GAUCHE EN NE SE TENANT QU'AVEC LA MAIN GAUCHE.

C'est la répétition, avec la main gauche, de l'exercice qu'on vient de faire avec la main droite.

Fig. 136.

Cinquième Exercice.

COURSE EN SAUTILLANT VERS LA DROITE, LES MAINS
DANS LA POIGNÉE.

Étant placée comme le représente la figure 136, l'élève tirera fortement sur les poignets, et elle portera le pied gauche vers sa droite, puis aussitôt le pied droit de même vers la droite, pour continuer ainsi en sautillant et en faisant toujours face au vindas.

Pour cet exercice, les pieds sont portés un peu en avant du corps.

Sixième Exercice.

COURSE EN SAUTILLANT VERS LA GAUCHE, LES MAINS
DANS LA POIGNÉE.

C'est la répétition de l'exercice précédent, en tournant vers la gauche.

Il y a encore un grand nombre d'autres exercices qu'on peut exécuter sur cette machine; mais ils exigent trop de force pour les demoiselles. On pourra se contenter de ceux que je viens de décrire, et il y aura lieu de se montrer satisfait si l'on arrive à les bien exécuter.

MACHINE A TIRAGE RÉGULIER

[Voir son établissement, pl. V, n° 9.]

Cette machine est excellente ; elle force les élèves à se baisser et à se redresser régulièrement. Quand on

Fig. 137.

répète souvent ces mouvements, ils fortifient beaucoup non seulement les jambes et les bras, mais surtout la partie dorsale. Les figures ci-contre (137, 138 et 139) me dispensent de m'étendre avec détail sur ces exercices. La seule observation importante qu'il y ait à faire, c'est de ne pas mettre des poids trop pesants à l'extrémité des cordes. Il ne serait pas bon que les élèves fussent

Fig. 138.

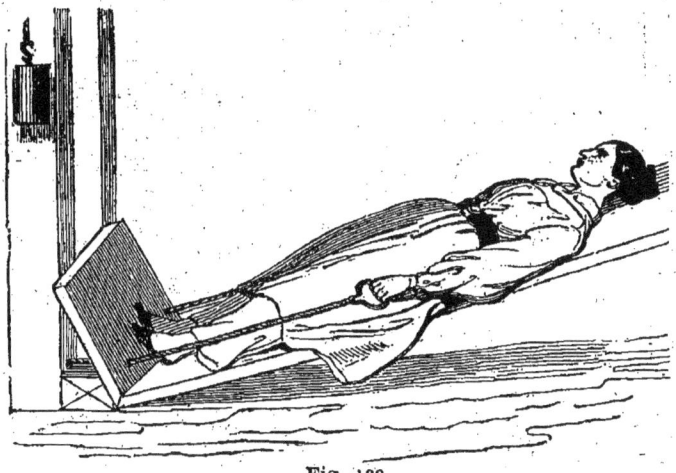

Fig. 139.

obligées de faire un trop grand effort pour se redresser quand elles sont courbées.

Étant étendue et bien allongée sur la planche, l'élève portera fortement le haut du corps en avant pour prendre les poignées (figure 137); puis elle se redressera sans secousse (figure 138) et elle se placera bien allongée sur la planche (figure 139). Le mouvement terminé, elle laissera descendre les poids lentement, pour reprendre la position de la figure 137 et continuer de même sans aller jusqu'à une trop grande fatigue.

JEUX DIVERS

Les exercices dont j'ai cru devoir faire entrer la description dans ce petit ouvrage étant terminés, il me reste à conseiller maintenant l'usage de quelques jeux d'adresse et de grâce qu'on néglige parfois dans les pensions, et principalement dans les familles. Ces jeux, si salutaires à la santé des enfants, pourraient se borner à ceux-ci :

Le volant,
Le jeu de grâce,
Le jeu du cornet,
Le cerceau,
Les sauts à la corde,
Le ballon,
Le jeu de boules,
Le jeu de l'entonnoir-volant.

Je vais donner quelques courtes explications sur chacun de ces jeux, afin d'éviter, si cela est possible, que les enfants mal dirigés se livrent avec trop d'ardeur à quelques-uns et négligent ceux qui leur seraient beaucoup plus utiles. Je n'ai pas parlé de l'exercice du cheval, parce que les bienfaits en sont connus de toutes personnes qui peuvent le mettre en pratique.

DU VOLANT.

Ce jeu demande plus d'adresse qu'on ne suppose, et il exige surtout une grande souplesse du poignet qui tient le manche de la raquette ; il a l'avantage de forcer continuellement à redresser la tête. Une fois que l'on est d'une certaine habileté, les jambes n'agissent presque plus ; mais le reste du corps est toujours en mouvement pour rattraper les coups mal dirigés. Il sera toujours très bon d'encourager les enfants à jouer aussi bien de la main gauche que de la main droite.

DU JEU DE GRACE.

Le jeu de grâce mérite bien le nom qu'il porte ; je ne vois rien de plus joli que deux cercles bien lancés qui se croisent en route et qui arrivent chacun à leur destination pour être relancés de nouveau. Ce jeu est, en outre, aussi bon que le volant pour redresser la tête et donner du mouvement au corps. Plus on a de force et d'élasticité dans les poignets, plus on lance les cercles au loin, et plus le jeu est gracieux.

LE JEU DU CORNET.

Ce jeu n'est pas aussi attrayant que les deux précédents ; mais il exige encore assez d'adresse et de coup d'œil. Il faut surtout ne pas se presser pour recevoir le volant dans le cornet ; tous les mouvements que provoque ce genre d'amusement sont très doux.

LE CERCEAU.

L'exercice du cerceau est excellent pour forcer les enfants à courir ; mais il arrive parfois qu'il provoque des palpitations au cœur et une altération plus ou moins grave des fonctions des poumons chez les enfants qui s'y livrent avec trop d'emportement et pendant un temps trop prolongé. Ce genre d'exercice n'est pas autre chose qu'une course plus ou moins véloce, suivant la rapidité avec laquelle on pousse l'instrument. Je n'en dirai pas davantage ; je crois ce simple avertissement suffisant pour que les parents surveillent de près les enfants qui n'écoutent que la fougue de leur âge, et qui n'ont pas assez de raison pour se gouverner eux-mêmes.

DU SAUT A LA CORDE.

Cet exercice étant aussi très violent, l'on devra empêcher les enfants d'en faire abus ; je ne prétends pas dire qu'il faut le proscrire tout à fait ; mais on doit apprendre aux enfants à s'arrêter après une fatigue suffisante, afin de ne pas épuiser leur corps, comme cela arrive à plus d'un, en lui demandant plus d'efforts qu'il n'en peut faire.

DU JEU DE BALLON.

Ce jeu très connu n'est pas dangereux comme les autres, attendu qu'on le joue toujours à plusieurs, et que, par conséquent, on a le temps de respirer avant de lancer de nouveau le ballon. Il exige, en outre, assez d'adresse ; car il ne suffit pas de frapper fort, il faut, en le lançant, le diriger vers celui qui doit le repousser, selon qu'il se trouve près ou loin, à droite ou à gauche, etc. C'est en cela que consiste tout le mécanisme de ce jeu, qui rend agile, qui exerce la vue, et donne au corps une souplesse fort utile dans toutes les circonstances de la vie.

DU JEU DE BOULES.

Le jeu de boules n'est pas sans attraits, même pour les enfants ; il n'est jamais violent, mais il exige beaucoup d'application et de coup d'œil. On pourrait supposer que ce jeu est plus praticable pour les garçons que pour les filles ; c'est une erreur ; car il n'a rien de brusque ni de disgracieux ; il rend fort adroites celles qui s'y livrent, tout en leur procurant une récréation agréable.

JEU D'ENTONNOIR-VOLANT.

La description de ce jeu a été donnée à sa place dans l'ouvrage (p. 179.)

Outre les jeux que je viens de décrire, il existe encore une grande variété de petits jeux que je passe sous silence, et qui sont plus souvent mis en pratique que les autres, parce qu'ils exigent peu de mouvement et ne provoquent aucune fatigue. Ceux-là n'ont pas besoin d'être recommandés ; on les pratique, en général, plus que s'ils avaient un but vraiment utile ; et voilà pourquoi je m'abstiens de les conseiller.

CONSTRUCTION

DES

MACHINES ET INSTRUMENTS

EXPLICATION DES PLANCHES

ET PRIX DES OBJETS

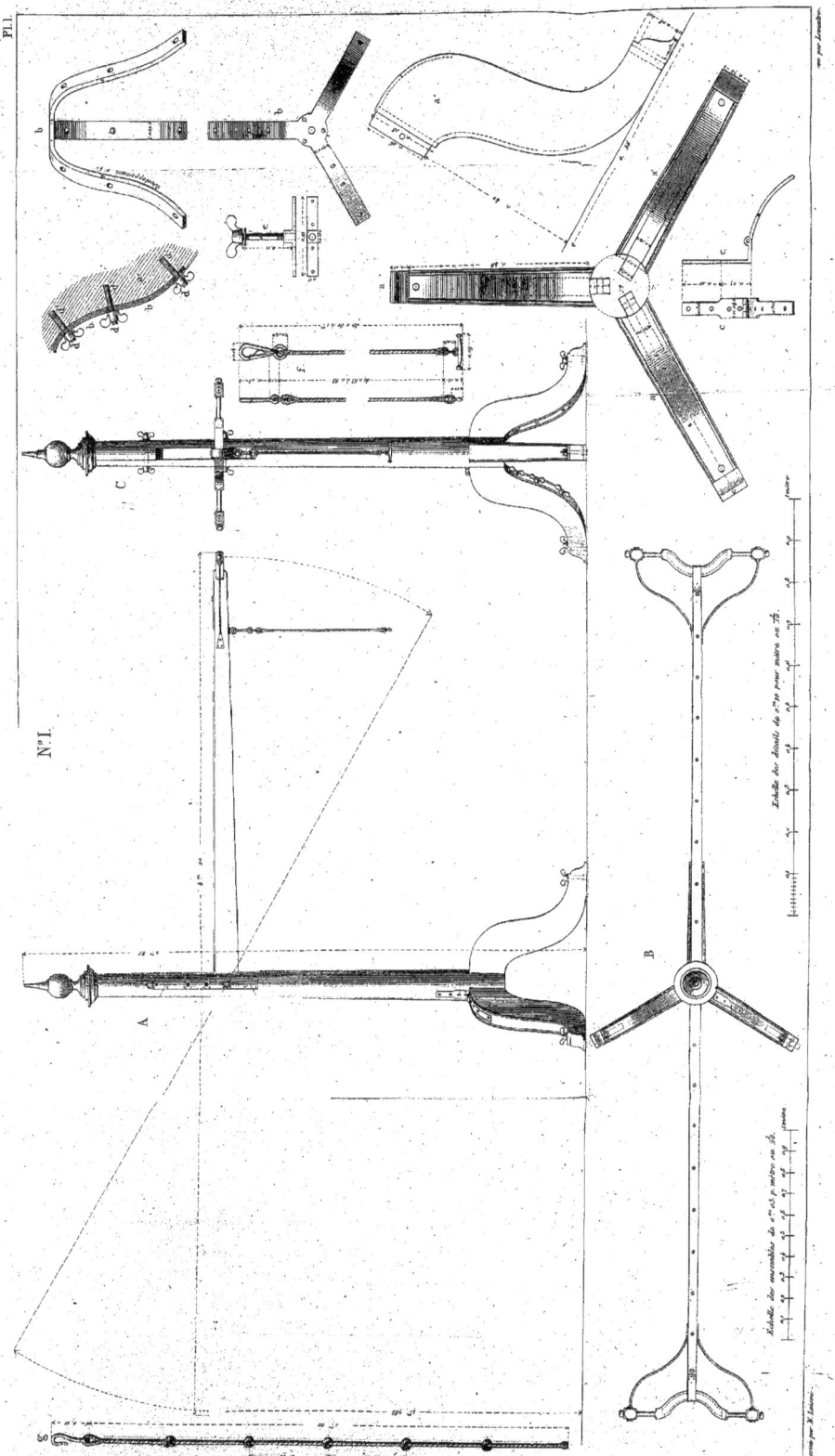

EXPLICATION DES PLANCHES.

Planche Ire.

1. — BASCULE BRACHIALE.

Élévation de profil.
Plan.
Élévation de face.
Plan et élévation du triple pied en bois; deux pieds sont fixes dans l'arbre, et un est mobile a', afin de pouvoir le replier sur l'arbre pour faciliter l'introduction de la bascule dans les maisons et les appartements.
Élévation, plan et coupe de la plaque en fer servant à fixer les pieds a et a' entre eux et avec l'arbre.
Vue de face et de profil de la charnière du pied mobile a'.

Quand on veut relever le pied mobile, on dévisse les trois écrous à oreille d; on fait tourner le pied sur sa charnière c, les boulons d' étant vissés à demeure dans le pied mobile a' qui se détache de la plaque b, et n'est pas chevillé dans l'arbre comme les deux pieds fixes.

$d.$ Écrous à oreilles servant à fixer le pied mobile a'.

e Élévation et plan d'un boulon avec son écrou servant à assujettir la bascule au sol; la plaque inférieure de ce boulon est entaillée dans le parquet, et fixée au moyen de quatre fortes vis. Le boulon est introduit dans un trou percé vers l'extrémité de chaque pied, puis vissé dans l'écrou que contient la plaque.

f Vue de face et de profil du porte-mousqueton et du clavier, qui se passe dans l'anneau de la ceinture pour prévenir les chutes, lorsque les élèves viennent à lâcher les poignées de la bascule.

g Corde à nœuds avec laquelle le professeur exerce les élèves nouvelles.

Planche II.

DÉTAILS DE LA BASCULE.

h	Élévation du balancier.
h'	Projection horizontale du balancier.
i	Élévation de la bande de fer fixée sur le balancier.
i'	Projection horizontale de ladite bande de fer.
$j\,j'$	Élévation et plan de la frette servant à consolider les poignées avec l'extrémité du balancier.
$k\,k'$	Vue debout et de face de la plaque en fer servant à consolider l'axe du balancier.
$l\,l'$	Boîte en cuivre servant d'enveloppe au boulon $m\,m'\,m''$ le boulon, rondelle et écrou servant d'axe au balancier.
$n\,n'\,n''$	Mât vertical.
$o\,o'$	Plaque en fer vissée sur les côtés du mât pour recevoir le boulon qui hausse et baisse le balancier à volonté.
$p\,p'$	Plaque en cuivre fixée à l'intérieur de l'ouverture du balancier pour éviter le frottement des bois.
$q\,q'$	Plaque en fer servant à accrocher le chapiteau s.
$r\,r'$	Vue et coupe de la partie supérieure du mât.
$s\,s'$	Ornement et chapiteau.
$t\,t'\,t''$	Boulon, rondelle et écrou servant à fixer le chapiteau s et à maintenir l'écartement des parties supérieures du mât.
$u\,u'$	Élévation et plan des poignées en frêne.
$v\,v'$	Pièce en fer entaillée dans la partie cintrée de la poignée pour la renforcer.
X	Tringle en fer servant à consolider les poignées avec le balancier.
y	Tire-fond fixé au balancier, pour recevoir le porte-mousqueton ou la corde à nœuds.

Pl 2.

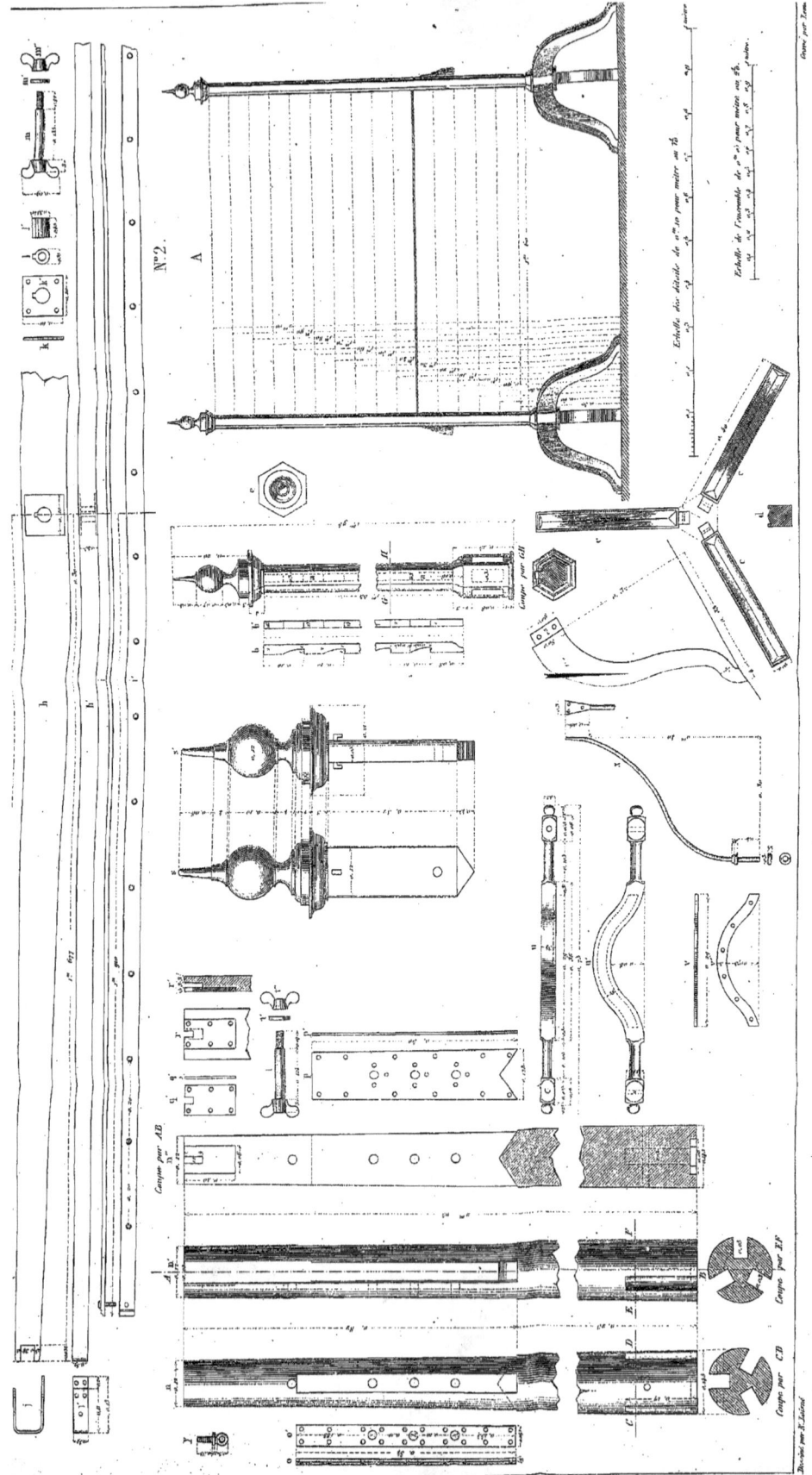

Cette machine est très compliquée; elle est très utile, mais elle coûte très cher pour la construire de manière à l'introduire dans les appartements. On ne peut rien changer de tout ce qui est détaillé dans les planches. Le bois doit être en bon chêne de choix, poli et passé à la cire; toute la ferrure doit être soignée comme la ferrure d'une calèche; car si l'ensemble était mal ajusté, cette machine durerait peu de temps, parce qu'elle fatigue beaucoup quand elle fonctionne. Le prix approximatif de cette bascule, telle qu'elle est détaillée dans les deux planches, coûterait environ 300 francs; mais modifiée comme cela est expliqué au commencement du livre, ce prix est beaucoup moins élevé.

2. — SAUTOIR MOBILE.

A	Élévation.
a	Montants verticaux.
$b\,b'$	Crémaillère en bois enclavée dans les montants; la corde est successivement posée sur chacun de ces crans, lesquels se trouvent espacés de 10 en 10 centimètres.
$cccc$	Trépied.
d	Coupe transversale d'un pied.
e	Plan d'un des chapiteaux.

Ce sautoir se porte à volonté et se place où on le juge le plus convenable; il doit être construit en beau chêne poli et ciré.

Le prix net de ce sautoir, composé de ses deux montants, avec la corde transversale, est de 70 francs.

Planche III.

3. — ÉCHELLE ORTHOPÉDIQUE.

A   Projection horizontale.
B   Projection verticale.
C   Échelle placée debout, position concave.
D   Échelle placée debout, position convexe.
a   Plan d'une extrémité de l'échelle.
b b Élévation des deux extrémités de l'échelle.
c   Coupe par la ligne brisée A B C D.
d   Élévation de profil.

Cette échelle orthopédique doit être construite en bon et beau chêne poli et ciré; les petits échelons sont en frêne, et ils sont vernis au tour. Chaque extrémité est garnie d'une petite bande de fer qui la consolide. Cette bande de fer est entaillée de toute son épaisseur dans la planche et dans les montants; elle est fixée par des vis. Le prix d'une échelle comme celle qui est détaillée dans cette planche coûterait net 75 francs avec son petit tréteau.

4. — ÉCHELLE ORDINAIRE PLACÉE HORIZONTALEMENT.

E   Projection verticale.
F   Projection horizontale.
e e Montants de l'échelle.
f f Montants verticaux appliqués sur les murs, et supportant les tasseaux qui soutiennent l'échelle.
g g Tasseaux en crémaillère en bois solide, ou en fer léger, servant à hausser ou baisser l'échelle sans aucune difficulté, suivant les élèves qui doivent s'y exercer.

Les montants de cette échelle doivent être en beau chêne de fil, les échelons sont en frêne. Cette échelle posée et bien construite, montants appliqués au mur, tasseaux, etc., coûterait environ 80 à 90 francs. Comme pour les autres machines, les bois seront polis et passés à la cire.

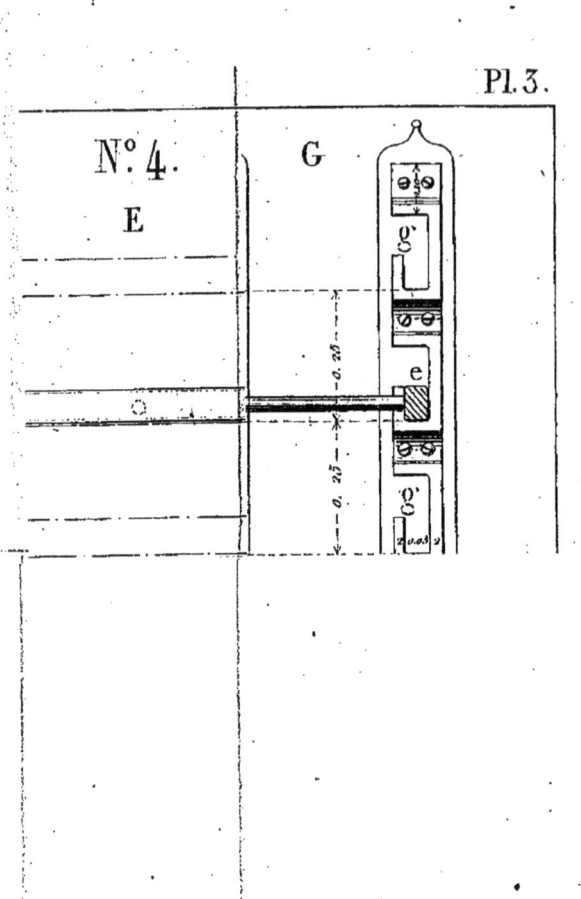

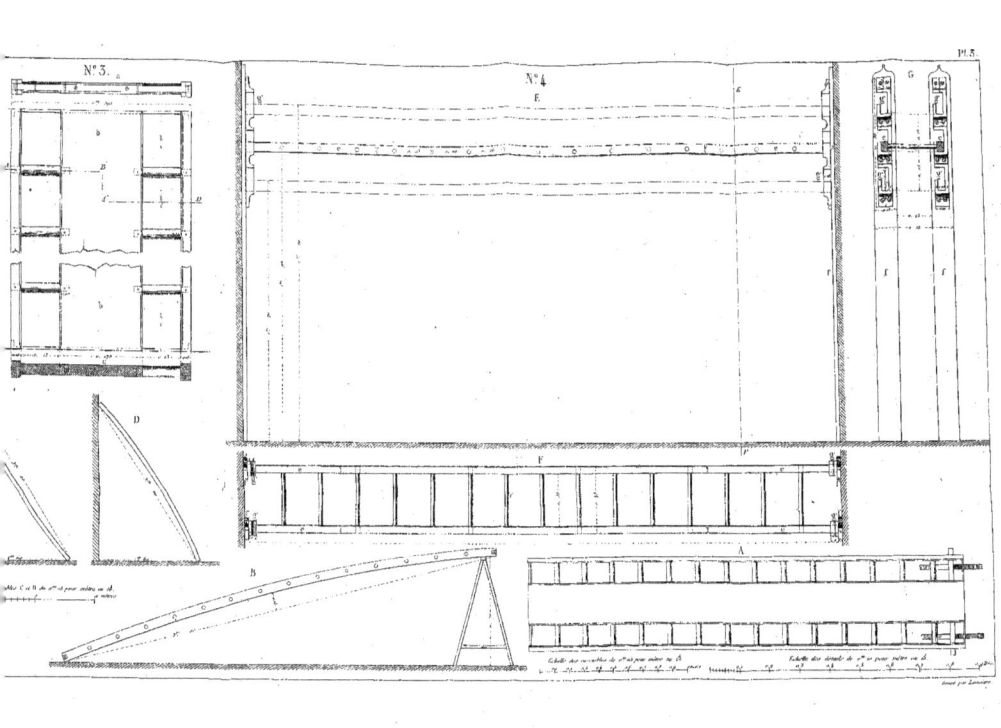

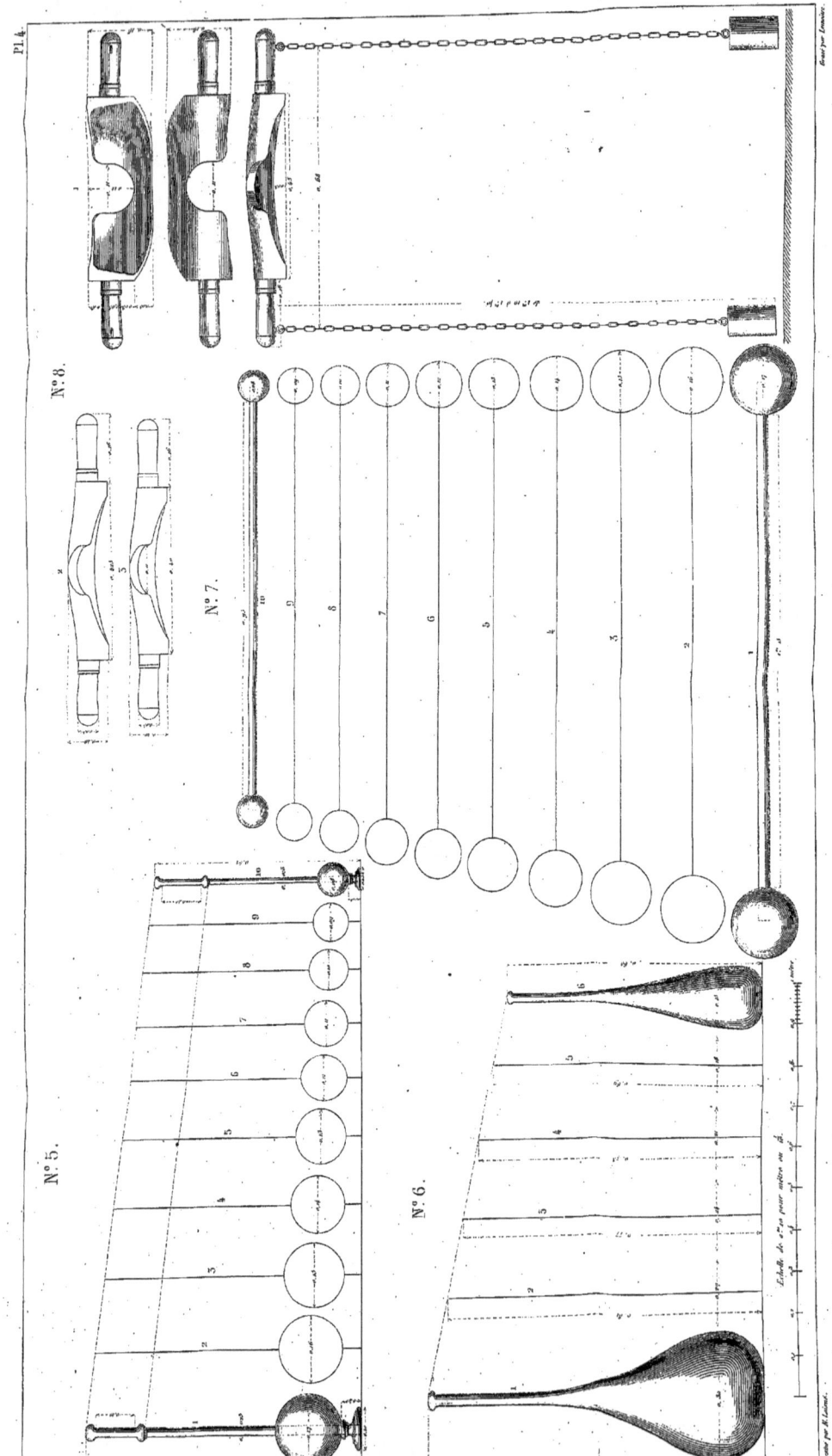

Planche IV.

5. — POIGNÉES A SPHÈRES MOBILES.

Les tiges de ces poignées doivent être en beau frêne. La partie inférieure est solidement vissée dans la base, qui doit être d'un bois très liant et peu cassant. La sphère est ordinairement en orme; on peut la faire aussi en hêtre ou tout autre bois; cette sphère doit glisser avec facilité le long de la tige, sans cependant avoir trop de jeu. Sur la partie inférieure de la poignée et sur la base, on place une rondelle en caoutchouc pour éviter le bruit ennuyeux que ferait la sphère chaque fois qu'elle est lancée. La plus petite paire de poignées, c'est-à-dire celle de $0^m,08$ de diamètre, coûterait net 8 francs; on augmentera de 50 centimes pour chaque numéro en plus, c'est-à-dire que celle de $0^m,17$ coûterait 13 francs la paire. Les poignées pour ce prix doivent être bien établies et bien vernies au tour.

6. — MASSUES PERSANES.

Le bois le plus convenable pour construire ces massues est l'orme; elles doivent être également bien établies et vernies au tour. Le prix de la plus petite serait de 12 francs environ; pour avoir le prix des autres, on n'aura qu'à augmenter de 2 francs par numéro.

7. — BARRES A SPHÈRES FIXES

La barre de ces instruments est en frêne et les sphères sont en orme ou frêne. La barre doit être solidement fixée dans les sphères, et le tout doit être bien établi et verni au tour. La plus petite de ces barres coûte net 6 fr.; pour avoir le prix des autres, on augmentera de 50 centimes par numéro. (Les barres à sphères fixes sont devenues inutiles depuis l'invention du xylofer.

8. — JOUG.

Ces instruments, dans le pays où on les fabrique, coûtent très peu de chose : 1 fr. 50 à 2 francs; mais ils sont mal faits et s'adaptent peu à la forme naturelle de l'encolure des demoiselles. Ceux qui sont établis ici ont été exécutés d'après les formes naturelles, et coûtent à Paris, pour le bois seulement, 15 francs; on devra compter les chaînes et les poids en plus.

Pl. 5.

N.º 11.

F

K

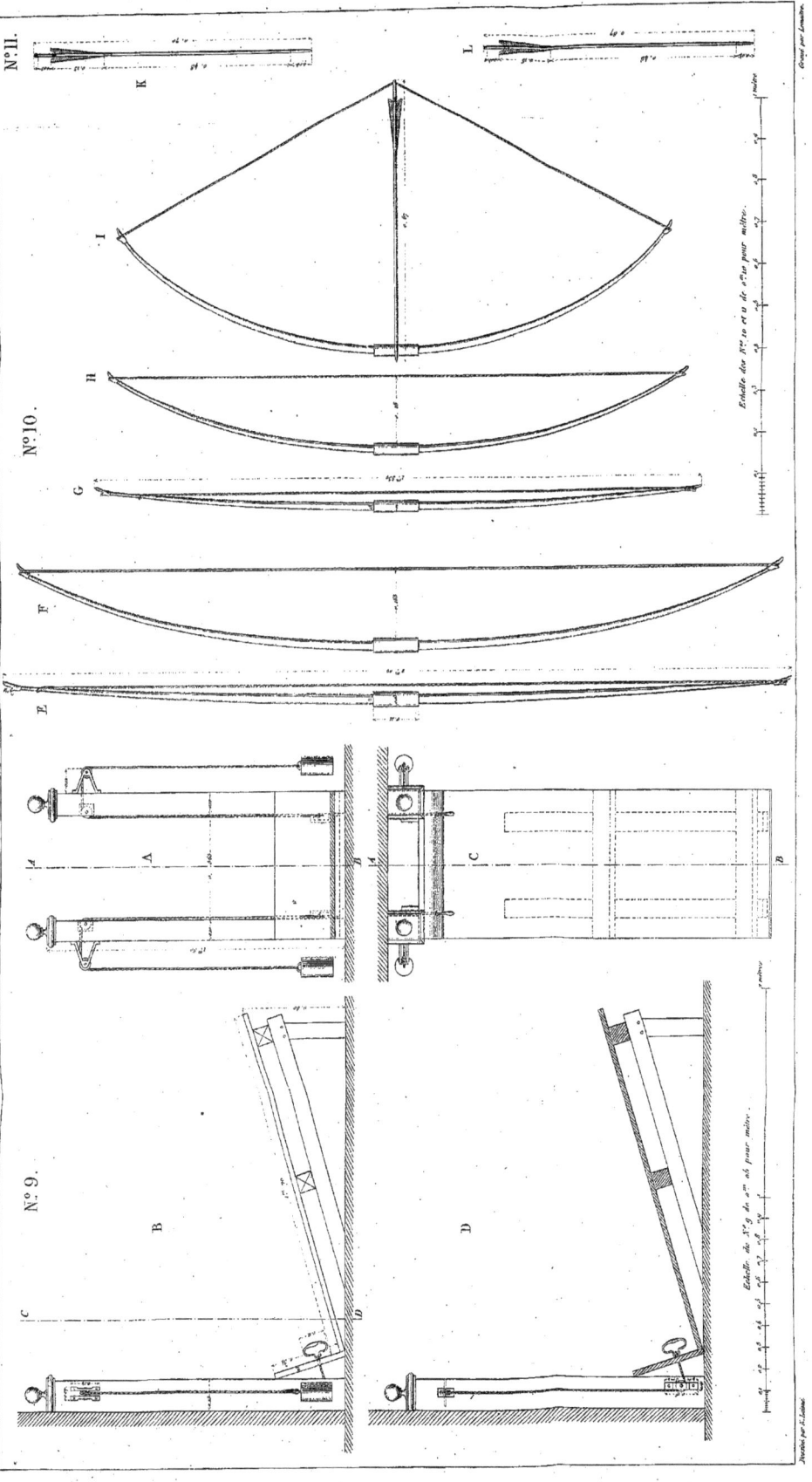

Planche V.

9. — MACHINE A TIRAGE RÉGULIER.

A Élévation de face.
B Élévation de profil.
C Plan.
D Coupe verticale par la ligne A B du plan.

Les détails du plan sont assez clairs pour se passer d'explications. Cette machine coûterait environ 125 francs.

10. — ARCS.

E Grand arc.
F Élévation de profil, l'arc étant armé.
G Petit arc.
H Élévation de profil, l'arc étant armé.
I Petit arc bandé.

11. — FLÈCHES.

K Flèche pour le grand arc.
L Flèche pour le petit arc.

Il est impossible de donner au juste le prix de ces instruments; car il varie suivant la qualité du bois et le soin qu'on a mis à les établir. Cependant je dois dire que le prix ordinaire d'un grand arc est de 18 francs, et le prix ordinaire d'un petit est de 14 francs; le prix d'une douzaine de grandes flèches est de 15 francs quand elles sont bien établies; et il n'est que de 12 francs pour les plus petites. Il y a des arcs qui coûtent aussi cher que des fusils; il en est de même pour les flèches si on veut les enjoliver.

Planche VI.

12. — MAT POUR LE TIR A L'ARC VERTICAL.

A   Élévation du mât.
a a'   Détail du mât vu de face et de profil.
b b b Détail de l'armature en fer soutenant le bouton sur lequel bascule le mât.
c   Boulon servant de pivot.
d   Boulon servant à fixer le mât dans une position verticale.
e   Tire-fond auquel une corde est attachée pour l'érection du mât.
f f Partie fixe du mât vertical.
g g Caisse circulaire remplie de bottillons de paille, et sous laquelle on fixe la carte servant de point de mire.
g'   Coupe de la caisse.
h   Carte du tir vertical.
i   Clous servant à fixer la carte sur la paille.

13. — TIR A L'ARC HORIZONTAL.

B   Vu de face.
C   Vu de profil.
K   Bottillons de paille avec lesquels on remplit le tir. Ces bottillons sont fortement serrés avec de la ficelle; ils sont ensuite placés les uns sur les autres dans le tir, et aussi serrés que possible. Pour obtenir plus de résistance, on étend sur chaque couche de bottillons une petite épaisseur de sable bien fin, sur toute la profondeur de la boîte du tir.

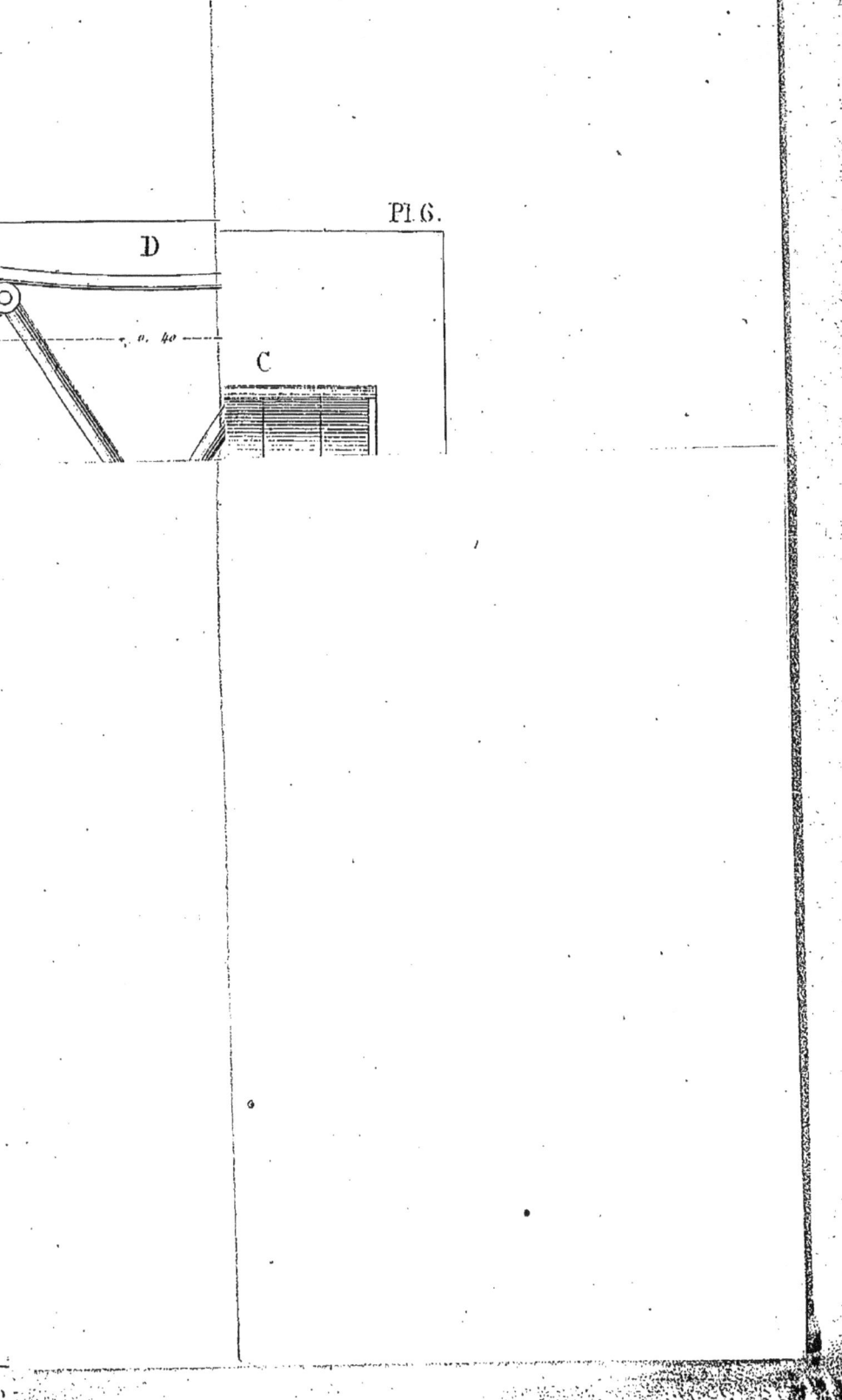

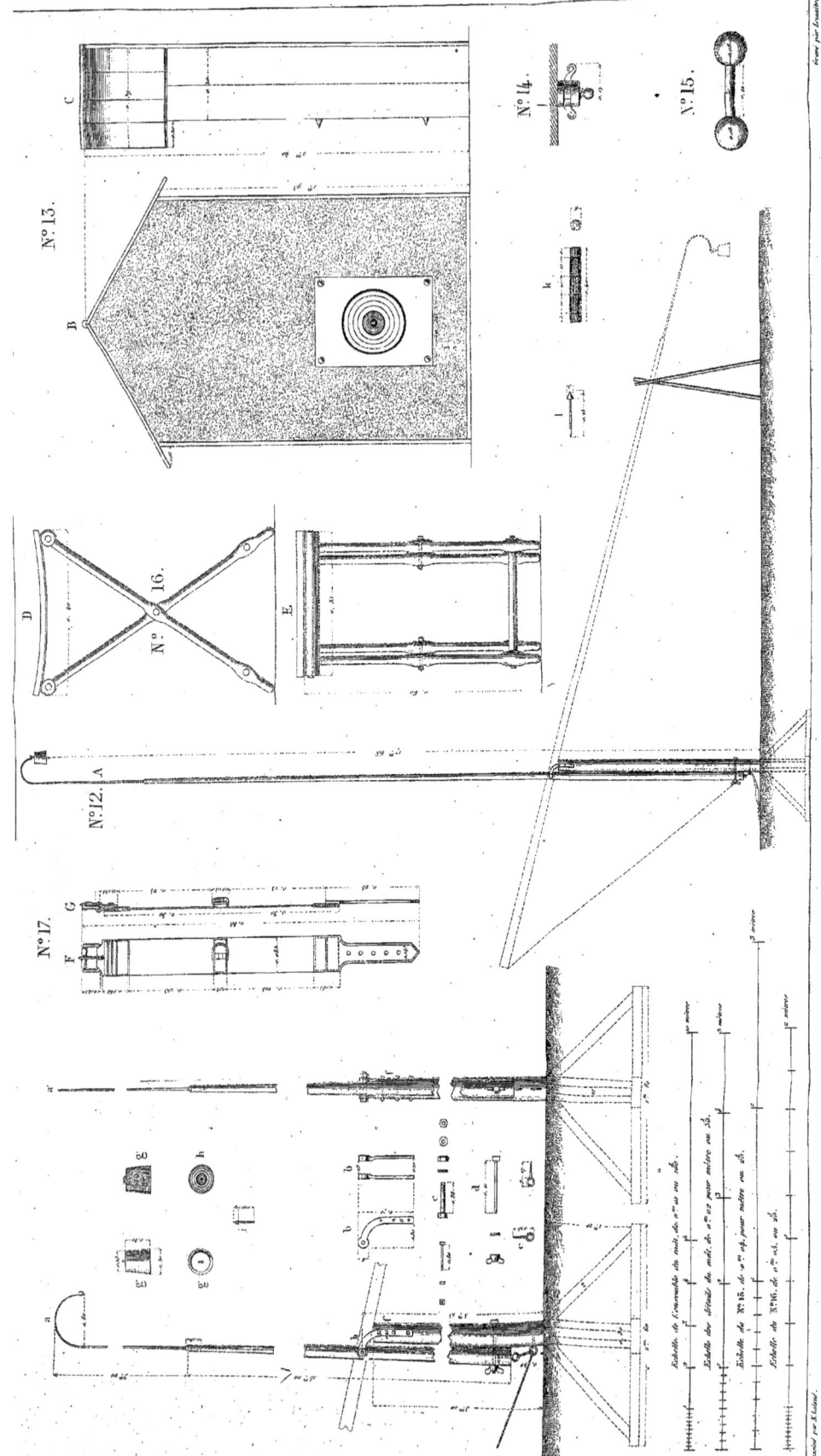

i. Clous pour fixer la carte du tir sur la paille ; on en met ordinairement un à chaque angle et un au centre.

La boîte du tir peut être construite en chêne ou en sapin, à volonté ; il faut que le bois ait assez de force pour ne pas céder à la pression des bottillons. Pour plus de durée, on couvrira le dessus en zinc ; si l'on ne pouvait l'adosser à un mur, on prolongerait les côtés de 70 à 80 centimètres, et on les scellerait en terre.

Le prix approximatif du tir horizontal bien établi peut s'élever de 100 à 120 francs. Le prix appproximatif du tir vertical, tout compris, est de 250 à 300 fr.

14. — VINDAS.

Cette machine est assez difficile à poser dans une pièce ; quand on pourra le faire, son mécanisme est facile à comprendre d'après le plan. Le prix variera suivant les difficultés qu'on rencontrera pour la fixer solidement au plafond.

15. — HALTÈRES.

Les haltères sont tout simplement un boulet fixé à chaque extrémité d'une tige en fer. Le prix ordinaire de ces instruments est de 1 franc par kilogramme. On en construit aussi d'une forme ancienne qui sont plus maniables ; ce sont deux espèces de cônes tronqués vers le centre ; mais on connaît encore peu cette dernière forme, tandis que la première est connue de tout le monde.

16. — CHEVALET DE NATATION.

D. Vu de face.
E Vu de profil.

Les dimensions les plus convenables sont marquées au

plan ; on place ordinairement par-dessus la toile un petit coussin plat pour adoucir le frottement pendant la manœuvre. Le tout peut coûter de 10 à 15 francs.

17. — CEINTURE DE GYMNASTIQUE.

F. Vue de face.
G Vue de profil.

Cette ceinture est d'une largeur très convenable pour les demoiselles aussi bien que pour les garçons ; le tissu doit être tout en laine et très fort ; il est doublé d'une toile grise assez forte également ; toute la garniture est en bon buffle. Les coutures doivent être soignées et faites avec du bon fil ; car il faut qu'une élève forte ou faible ne puisse rompre aucune de ses parties, si elle venait à lâcher brusquement lorsqu'elle est lancée à la bascule brachiale, et à se trouver tout à coup suspendue. Le prix de cette ceinture pour une longueur ordinaire est de 3 fr. 50 ; le fournisseur en garantit la solidité.

Planche VII.

1 Modèle d'haltères, composé par M. Laisné, très commode sous tous les rapports.
2 Forme d'haltères dont se servaient les Grecs et les Romains.
3 Forme d'haltères assez peu commode livrés par le commerce.
4 Genre de corde inutile pour les demoiselles.

Figure A. — Échelle enfermée dans son châssis.

5 Cette échelle varie de longueur suivant les localités. Les montants sont en sapin du Nord, sans nœuds ; ils sont

Planche 7

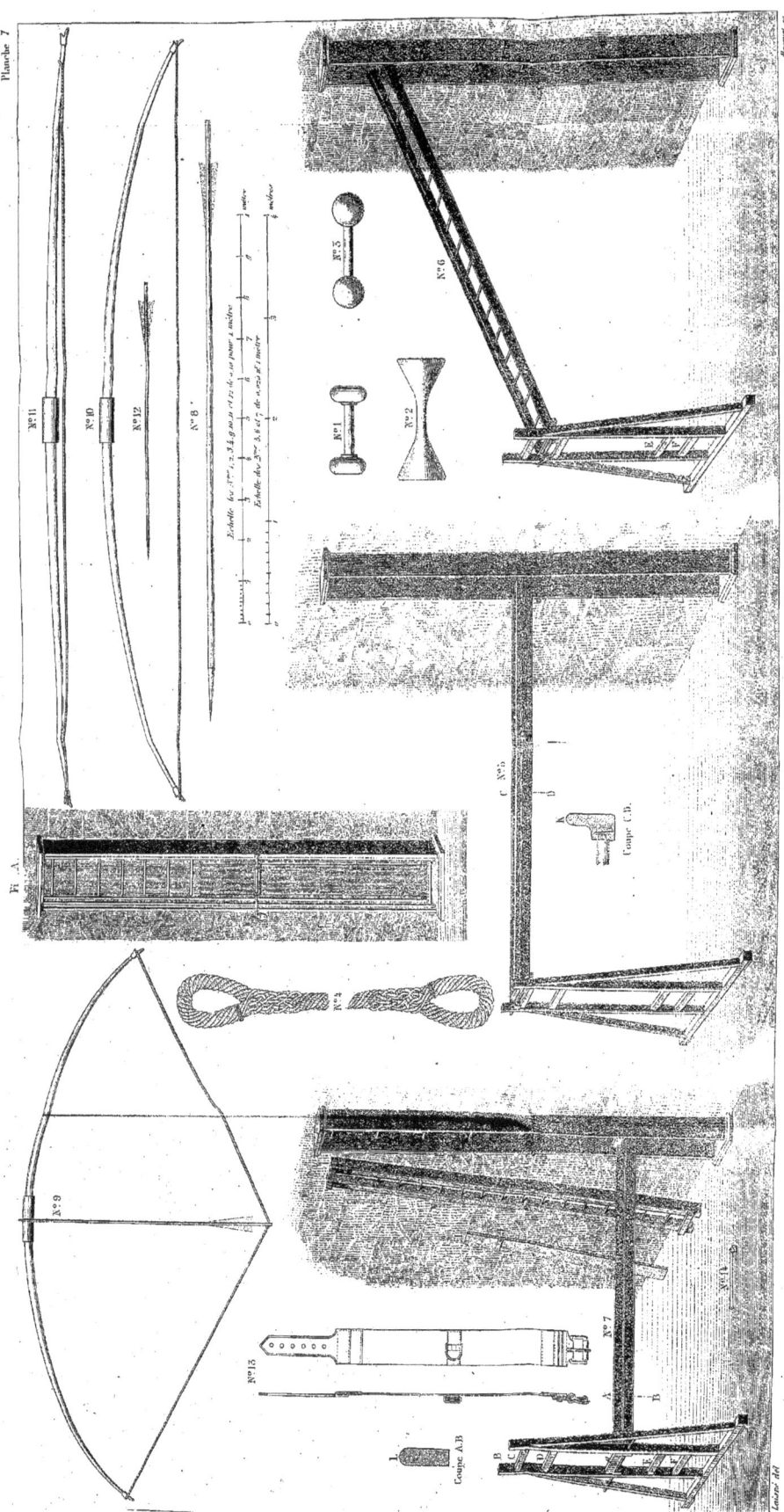

à gorge comme le représente la figure K; la partie arrondie sur le dessus a 0^m,035 d'épaisseur; la gorge a 0^m,05 de profondeur; la partie forte du bas, 0^m,065 d'épaisseur sur 0^m,05 de hauteur. Largeur totale des montants pour une échelle de 5 mètres est de 0^m,10. Les échelons sont en bon frêne et leur longueur est de 0^m,35 d'arasement sur 0^m,029 de diamètre; les tourillons entrants dans les montants ont 0^m,035 de longueur sur 0^m,020 de diamètre; l'éloignement entre chaque échelon est de 0^m,25 de centre en centre. Il est entendu que toutes ces mesures sont susceptibles de varier suivant les différentes dimensions des échelles.

6 Échelle placée inclinée.
7 Barrès parallèles (les demoiselles ne peuvent y être exercées sans professeur).
B B B Support placé dans les trois positions.
C   Traverse sur laquelle repose l'échelle.
E F   Traverses servant à monter pour saisir l'échelle.
G G   Traverses des barres parallèles.
H   Échelle sortie de son châssis.
i   Feuillet placé devant l'échelle lorsqu'elle est serrée.
j   Autre traverse fixée.

Les montants sont munis à leur extrémité supérieure de deux crochets que l'on fixe à volonté sur une des quatre tringles adaptées aux montants du châssis, et une corde avec poulies pour retenir l'échelle lorsqu'on la déplace, afin d'éviter qu'elle tombe brusquement. Le prix total d'une échelle semblable, bien établie, est de 200 francs; le modèle type se trouve chez M. Frété, boulevard de Sébastopol, n° 12.

TABLE DES MATIÈRES

	Pages.
Dédicace.	v
Préface.	vii
Quelques données pratiques.	xiv
Observations importantes.	xxi
Note relative à l'application des chants aux exercices gymnastiques.	xxiv
Mouvements préparatoires.	1
Exercices.	2
Sauts en se servant de machines.	67
Exercice de la Natation.	72
Exercices avec la Barre.	76
Exercices des Haltères.	128
Exercices des Poignées à sphères mobiles.	137
Exercices de la Massue persane.	157
Exercice du Joug.	159
Exercices du Tir à l'arc.	162
Jeu de Volant.	170
Jeu de Grâce.	173
Jeu de l'Entonnoir-volant.	179
Exercices sur les Machines. — Échelle orthopédique.	184
Exercices à l'Échelle horizontale.	199
Exercices de la Bascule brachiale.	207
Vindas, Pas de géant ou Course volante.	219

	Pages
Machine à tirage régulier.	225

JEUX DIVERS. — Du Volant. — Du jeu de Grâce. — Le jeu du Cornet. — Le Cerceau. — Du Saut à la corde. — Du jeu de Ballon. — Du jeu de Boules. — Jeu de l'Entonnoir-volant. 228-231

Construction des machines et instruments. — Explication des planches et prix des objets. 233

Table des matières. 247

Paris. — Imp. V° P. LAROUSSE et Cⁱᵉ, rue Montparnasse, 19.

A LA MÊME LIBRAIRIE

OUVRAGES
à l'usage des Aspirantes aux Brevets de capacité
ET AU CERTIFICAT D'APTITUDE PÉDAGOGIQUE

ARITHMÉTIQUE THÉORIQUE ET PRATIQUE
(Brevet simple), par M. Victor Coupin, directeur du *Moniteur des aspirantes et des aspirants au brevet de capacité*. 1 vol. in-8°, broché.............. 2 75

PROBLÈMES ET THÉORÈMES D'ARITHMÉTIQUE
et de géométrie appliquée, contenant la solution de la plupart des problèmes proposés dans l'ouvrage précédent et un grand nombre d'autres questions; par M. Victor Coupin. 1 vol. in-8°, broché........................ 1 60

RECUEIL DE RÉDACTION
de sujets de style, de pédagogie, d'histoire et d'analyses littéraires, choisis avec le plus grand soin dans les programmes des examens; par M. C. Pouget. 1 vol. in-8°, broché .... 2 »

DICTÉES EXPLIQUÉES
dictées d'examen, suivies des mots de l'ancienne édition du Dictionnaire de l'Académie qui ont subi une modification orthographique dans la nouvelle, par M. Victor Coupin. 1 vol. in-8°, broché.............................. 2 »

COURS DE COMPOSITIONS FRANÇAISES
Préparation orale de devoirs écrits; corrections de devoirs d'élèves; analyses littéraires; rédactions; esquisses de devoirs écrits; sujets proposés; par MM. Victor Coupin et Albert Renour. 1 vol. in-8°, broché........................ 3 50

HISTOIRE DE NOTRE PATRIE
depuis les temps les plus reculés jusqu'à nos jours, par M. Edgar Zevort, inspecteur général délégué. Un fort volume in-18 jésus, illustré de 150 gravures.. 2 50

GYMNASTIQUE DES DEMOISELLES
par M. Laisné, inspecteur de la gymnastique dans les écoles de la ville de Paris. 1 vol. in-12, avec 140 figures et 6 planches, broché................. 4 »

SOLFÈGE PRATIQUE
approuvé par les Conservatoires de Paris, Bruxelles et Milan, adopté par les écoles de la ville de Paris; par M. Brody. 1 vol. grand in-8°, cartonné........ 3 50

NOUVEAUX PROGRAMMES OFFICIELS
du brevet élémentaire, du brevet supérieur et du certificat d'aptitude pédagogique, suivi des programmes d'enseignement des écoles normales. Brochure in-8° » 75

RÈGLEMENTS
d'organisation pédagogique et programmes officiels pour les *écoles maternelles* et les *écoles primaires* publiques. Brochure in-8°......................... » 50

PARAITRA EN MARS 1884
LEÇONS DE PÉDAGOGIE
(Psychologie et Morale appliquées à l'éducation.)

A l'usage des candidats aux brevets de l'enseignement primaire et au certificat d'aptitude pédagogique; par Mme L. Chasteau, ancienne directrice des études à l'école normale supérieure de Fontenay-aux-Roses, directrice du Cours pratique de pédagogie de Paris. 1 vol. in-18 jésus.

A LA MÊME LIBRAIRIE

OUVRAGES
DESTINÉS AUX LYCÉES ET COLLÈGES DE JEUNES FILLES,
AUX PENSIONNATS, AUX ÉCOLES PRIMAIRES,
(COURS MOYEN ET SUPÉRIEUR), ETC.

ÉCRITURE — MÉTHODE REVERDY
Dix cahiers : Cursive, — Ronde, — Bâtarde. Imprimés en taille-douce (tirage annuel : sept millions). Le cent (avec remise).................. 9 »

DESSIN — MÉTHODE LACABE
Conforme au programme officiel du 29 janvier 1881. — 12 cahiers in-4° couronne, sur papier teinté, avec tracés, texte explicatif, exercices, etc. plus un cahier d'application. Prix du cent (avec remise).................. 9 »

LES ENFANTS MODÈLES
Cours moyen et supérieur de lectures : — Morale. — Leçons de choses. — Commerce. — Industrie. — Sciences physiques et naturelles. — Agriculture. — Horticulture. — Viticulture, etc., par M. LAVALETTE, directeur d'école municipale. 160 gravures, 6° édition. 1 vol. cartonné.................. 1 50

COURS COMPLET D'HISTOIRE DE FRANCE
Par M. Edgar ZEVORT, inspecteur général délégué. — Cours élémentaire (1° année), avec exercices, résumés, devoirs de rédaction, revision, lexique. 1 vol., 60 gravures, 7° édition.................. » 80
— Cours moyen (2° année), 1 vol., 75 gravures, 5° édition.................. 1 35
— Cours supérieur (histoire générale et revision de l'histoire de France) sous presse.
Cours des lycées et collèges : Classe de huitième, 1 vol. 60 grav... 1 25
— Classe de septième, 1 vol. 96 gravures.................. 1 50

LE DROIT USUEL ET L'ÉCONOMIE POLITIQUE
Par MM. REVERDY, ancien notaire, ancien juge de paix, et A. BURDEAU, professeur de philosophie au lycée Louis-le-Grand ; 3° édition. 1 beau volume illustré, texte et récits.................. 1 20

COMPTABILITÉ — MÉTHODE MEIFREDY
Cinq cahiers : Brouillard, — Journal, — Grand-Livre, — Livre de caisse. — Effets à recevoir et à payer. Chaque cahier, format in-4° couronne, comprend 16 pages imprimées, avec tracés, modèles et texte explicatif. Couverture forte imprimée. Prix de chaque cahier.................. » 30
— Les cinq cahiers renfermés dans un carton.................. 1 50

GYMNASTIQUE CLASSIQUE
Traité élémentaire, par M. LAISNÉ, inspecteur de la gymnastique dans les écoles de la ville de Paris. 1 vol. grand in-8° avec 70 chants notés et 280 figures. Nouvelle édition. Broché.................. 3 50

GYMNASTIQUE DES DEMOISELLES
Par le même. 1 vol. in-12, avec 140 figures et 6 planches. 4° édition. Broché, 4 »

PARAITRA EN MARS 1884
LEÇONS DE PÉDAGOGIE
(Psychologie et Morale appliquées à l'éducation.)

A l'usage des candidats aux brevets de l'enseignement primaire et au certificat d'aptitude pédagogique ; par Mme L. CHASTEAU, ancienne directrice des études à l'École normale supérieure de Fontenay-aux-Roses, directrice du Cours pratique de pédagogie de Paris. 1 vol. in-18 jésus.

A LA MÊME LIBRAIRIE

OUVRAGE DU MÊME AUTEUR

La gymnastique à l'école maternelle. 1 vol. in-8° 2 20

Gymnastique classique, avec chants notés et figures dans le texte. 6e édit. 1 vol. in-8° 3 50

Recueil de chants spéciaux notés et numérotés pour rythmer les exercices gymnastiques et fortifier la voix, ainsi que tous les organes qui concourent à son action. 4e édit. 1 vol. in-8° 1 75

Gymnastique pratique. Contenant la description des exercices, la construction et le prix des machines. Ouvrage destiné aux familles, aux établissements d'éducation, aux corps militaires. 2e édit. 1 vol. in-8° . . . . 7 »

Applications de la gymnastique à la guérison de quelques maladies. Avec des observations sur l'enseignement actuel de la gymnastique. 2e édition . . . . 7 »

Du massage, des frictions et manipulations appliqués à la guérison de quelques maladies, avec figures dans le texte, 1 vol. in-8°. 4 50

Contraste insuffisant

NF Z 43-120-14

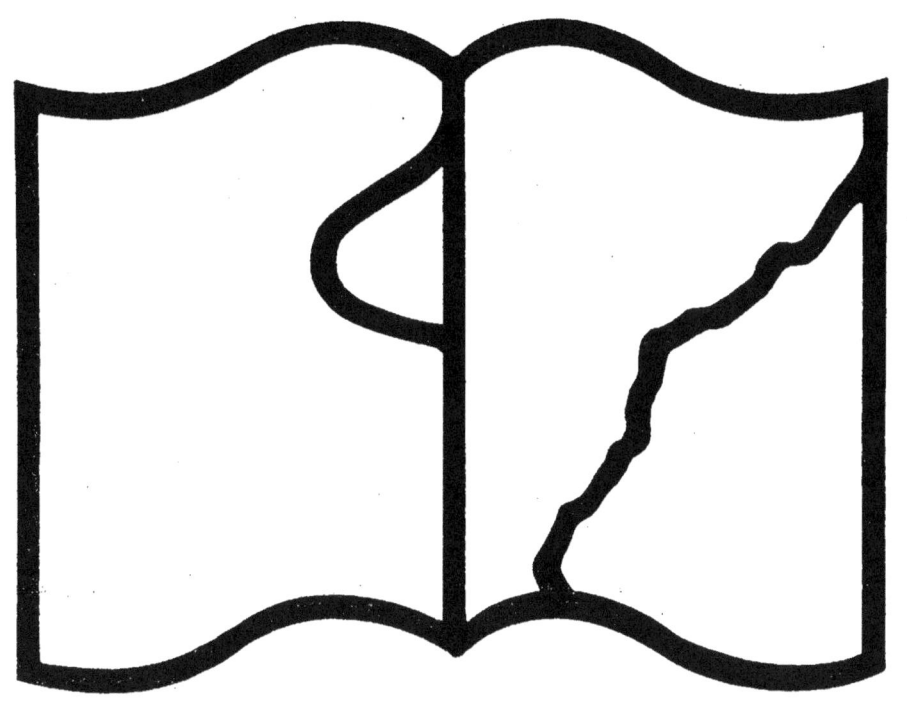

Texte détérioré — reliure défectueuse

NF Z 43-120-11

www.ingramcontent.com/pod-product-compliance
Lightning Source LLC
Chambersburg PA
CBHW071531160426
43196CB00010B/1731